일본 최고
MBA
경영 수업

사업의 시행착오를 줄이는
100가지 경영 명제

일본 최고 MBA

# 경영 수업

네고로 다쓰유키 지음 | 유나현 옮김

흐름출판

# 상황에 맞는
# '답'을 찾는 경영 수업

사고실험이라는 말을 들어봤을 것이다. 사고실험이란 '만약 이런 상황이 벌어진다면 무슨 일이 일어날까?' 하고 머릿속으로 상상하는 생각의 실험을 의미한다.

잘 알려진 사고실험으로는 아인슈타인이 상대성 이론을 수립할 때, 빛과 같은 속도로 달리면 무슨 일이 일어날지 고찰한 사례가 있다. 정치학자 마이클 샌델Michael Sandel이 하버드대 강의에서 거론한 트롤리 딜레마Trolley problem 또한 사고실험의 예라고 할 수 있다. 이 문제는 '광차에 탄 인부 다섯 명을 구하기 위해 선로 위에 있는 인부 한 명을 죽여도 되는가?'라는 극단적인 질문을 던진다.

자연과학과 철학의 세계에서 사고실험은 본질을 밝혀내기 위해 꼭 필요한 수단이다. 실제로는 해볼 수 없는 일을 머릿속으로 상상함으로써 문제의 본질을 가리고 있는 요소를 제거하고 핵심에 다가 갈 수 있다. 통찰력이 있다고 평가받는 사람은 사고실험에 능할 가능성이 높다. 이 책에서는 사고실험을 '이론을 철저히 파고들어 고찰하면서 현실을 보는 것'이라고 정의한다.

사고실험은 공상과 다르다. 공상은 현실과 동떨어져 있지만 사고실험은 현실에 기초하기 때문이다. 사고실험이란 현실의 본질을 파헤쳐 그 본질을 바탕으로 설명을 시도하거나 인과관계를 상정하면서 장래를 예측하는 행위다. 이로써 현실을 다른 관점으로 볼 수 있으며 새로운 개념을 만들어낼 수 있다.

비즈니스에서도 사고실험을 빼놓을 수 없다. 새로운 사업을 시작하거나 경영상 의사 결정을 할 때 아무런 계획도 없이 임하는 사람은 아마 없을 것이다. 하지만 모든 사람이 일어날 수 있는 모든 일을 충분히 머릿속으로 그려보는 것은 아니다.

"비즈니스는 일단 해보지 않으면 알 수 없다"라는 말은 분명 일리가 있다. 그러나 한편으로 '이렇게 하면 이렇게 된다'라는 것이 대략만 알려져 있는 경우도 많다. 이는 경영학자가 제창한 이론일 수도 있고 경험을 바탕으로 한 추측일 수도 있다. 이런 지식을 총동원한 다음에 플러스알파를 함으로써 남다른 아이디어를 창출해낼 수 있다.

비즈니스에서 '이렇게 하면 이렇게 된다'와 같은 경향 법칙을 찾아내는 학문이 바로 경영학이다. 경향 법칙이란 모든 상황에 꼭 들어맞는 것이 아니라, 때와 형편에 따라 부합하는 정도가 다르며 얼마든지 예외가 존재할 수 있는 법칙이다. 경영학 법칙은 물리학 같은 자연과학의 법칙과 달리 반드시 들어맞는다고 단언하기 어려운 부분이 있다(자세한 내용은 제4장과 제5장 참조).

물론 그렇다고 하더라도, 경영학을 배워두면 비즈니스 수행에 필요한 가설의 정확도를 높이는 데 도움이 된다. 자신이 직면한 상황에서 어떤 조처를 취할지 결정할 때 힌트가 되어주기 때문이다.

더불어 사고실험을 통해 이론의 한계를 의식하는 일은 사업가를 위한 훈련에서 빼놓을 수 없는 과정이다.

공부한 내용을 그대로 대입하기만 해서는 참신한 아이디어가 나오지 않는다. 자신이 처한 구체적이고 특수한 상황에서 나름의 견해를 찾아야 한다.


## 투입과 산출을 연결한다

경영을 위한 사고실험에는 세 가지 중요한 점이 있다.

① 어떤 질문을 던질 것인가?
② 어떻게 추론할 것인가?
③ 어떤 방식으로 모델화할 것인가?

이를 위해 경영이론을 어떻게 활용하면 좋을지, 그 방법을 제시하는 것이 이 책의 취지라고 할 수 있다. 경영학 서적을 읽고 키워드나 프레임워크를 그대로 외운다고 해도 현실 비즈니스에서는 거의 쓸모가 없다(그 이유는 뒤에서 설명한다).

성공한 경영자의 경험이나 지론 등 '성공 법칙'이 비즈니스에 어느 정도는 도움이 되겠지만, 처한 상황이 완벽하게 일치하지 않는 한 따라 하기만 해서는 성공할 수 없다. 즉, 경영이론이나 프레임워크 또는 저명한 경영자의 지론 등을 지식으로 투입(학습)한다고 해서 무조건 엄청난 산출(실천)이 얻어지는 것은 아니다.

중요한 것은 자신의 상황에 응용할 수 있는 것과 쓸모없는 것, 역효과인 것을 가려낼 줄 알아야 한다는 것이다.

### ▪ 경영에서 사고실험의 역할 ▪

**투입**(학습)
▸ 경영이론
▸ 프레임워크
▸ 성공한
  경영자의 지론
▸ 사례

**경향 법칙**

**사고실험**
▸ 질문
▸ 추론
▸ 모델화
**자신이 처한 상황에
의거한 탐색**

**산출**(실천)
▸ 전략
▸ 비즈니스 모델

**구체적인 해답**

투입과 산출에 있어서 자신의 상황을 고려해 나름대로 깊이 생각해보는 지적 작업이 꼭 필요하다. 그것이 바로 비즈니스 사고실험이다.

## 이론과 프레임워크

이 책에서는 '이론'과 '프레임워크'의 개념을 구분해서 사용한다.

이론이란 인간이나 비즈니스에 관한 기본 명제를 뜻한다. 이를테면 '다른 회사보다 우위의 경영 자원을 가진 기업은 지속적으로 경쟁우위를 점할 수 있다'라는 명제는 자원 기반 전략론의 이론이다. 이론은 기본 개념을 포함한다. 예를 들어 여기서는 '경영 자원'이 기본 개념이라고 할 수 있다.

프레임워크란 이론을 실제 비즈니스 현장에서 사용할 수 있도록 전개한 분석 기법, 체크리스트, 절차 등을 말한다. 예를 들어 제이 바니Jay Barney의 VRIO(제11장 참조)는 경쟁우위를 점할 수 있는 경영 자원을 파악하기 위한 체크리스트다.

## 비즈니스 모델을 미리 제작해본다

사고실험에 주목하는 이유는 한 가지가 더 있다. 현재 경영학계에서는 '디자인 싱킹Design Thinking'에 대한 관심이 높아지고 있다. 이는 그간의 이론 편중 경향에 대한 반성으로 보인다. 학문으로서의 경영학은 연구자 커뮤니티에서 좋은 평가를 받는 것이 중요하므로 '일반성'을 중시한다. 하지만 지나치게 일반성을 추구해 실제 비즈니스에서 영향력을 발휘하기 어려운 부분도 있다.

이런 상황에 대한 반발로, 실리콘밸리 기업들 사이에서 번지기 시작한 디자인 싱킹은 '이해·공감Empathy → 문제 정의Define → 아이디어 도출Ideate → 시제품화Prototype → 테스트Test' 과정을 반복하는 실천적인 접근으로 새로운 비즈니스를 창출한다는 발상이다. 즉각 시험해봄으로써 구체적이고 창조적인 해답을 얻을 수 있다.

단, 상품을 개발하는 경우에는 손쉽게 모형 제작을 반복할 수 있지만, 비즈니스 모델 자체를 거듭 제작하는 것은 자금, 시간, 인원 등의 제약을 고려할 때 별로 현실적이지 않다. 이를 대체하기에 적합한 것이 바로 사고실험이다. 즉, 사고실험을 통해 비즈니스 수행에 쓸모 있는 가설을 선별하는 것이다.

## 경영학의 틀을 벗어난다

이 책은 비즈니스 사고실험의 실마리를 제공한다. 머릿속 서랍에 저장하기 쉽도록 핵심을 명제 형태로 정리했다.

경영학은 경제학, 사회학, 심리학 등 다른 분야에서 도입한 개념과 원리로 구성되어 있다. 따라서 이 책에서는 경영학의 틀을 벗어나 철학을 비롯한 여타 사회과학 영역에까지 설명의 범위를 넓히고자 한다. 경영학에서 단골로 등장하는 이론에 직접 고안한 독자적 이론을 더해 총 100가지 명제를 제시한다.

먼저 제1장에서는 경영학을 깊이 이해하기 위해 알아야 할 기본들을 정리한다. 뒤이어 나오는 내용에서는 성공 모델을 찾아내는 방법을 소개하고 그것의 전제 및 한계를 알아본다.

제2장~제7장에서는 경영학을 포함한 사회과학 전반에 공통되는 방법론에 관해 생각해본다. 개념 정의, 인과관계 분석 등 사회과학에서 활용의 토대가 되는 지식을 제공한다.

제8장~제11장에서는 사고실험에 도움이 되는 경영학 개념과 경향 법칙을 중점적으로 설명한다. 경쟁 전략에서 자주 등장하는 이론과 프레임워크를 소개하고 이들의 전제와 한계를 살펴본다.

제12장~제16장에서는 비즈니스 모델을 사전 제작하기 위한 실천적인 방법을 제안하고 이를 순차적으로 설명한다. 마무리 단계에서는 자신의 생각이 타당한지 확인하는 몇 가지 사항을 소개한다.

덧붙여 사이사이에 졸저『사업 창조의 로직, 업계 1위 비즈니스를 창출한다』(닛케이BP사)의 내용을 실었다. 이 책에 이어 또다시 닛케이 BP사의 나가사키 다카시 씨에게 도움을 받았다. 거의 공저에 가까운 협력을 받았다는 사실을 밝힌다.

차례

제 1 장

기본 명제

# 우수한 사업가는
# 이론을
# 어떻게 활용하는가
# ?

# 선순환하는 패턴을 찾아낸다

사업가의 중요한 임무는 사업을 선순환시키는 것이다. 그렇다면 사업을 선순환시키기 위해서는 무엇을 신경 써야 할까? 이와 관련된 예를 한 가지 소개하려고 한다.

'베조스의 냅킨'에 대해서는 알고 있는 사람이 많을 것이다. 이는 아마존의 창업자 제프 베조스Jeff Bezos가 동료들과 식사를 하면서 아마존의 비즈니스 모델을 냅킨에 그려 '이런 식으로 회사를 운영하고 싶다'라는 생각을 도식화한 것이다.

이 그림은 고리 모양으로 되어 있어 순환하는 구조다. 베조스는 자기 회사가 성장하기 위해서는 이 사이클이 끊임없이 반복되어야 한다고 생각했다(자세한 내용은 제15장 참조).

비즈니스에서는 선순환하는 패턴을 찾아내 반복할 필요가 있다. 반복하지 않으면 자원이 축적되지 않고 차별화 전략도 강화할 수 없다. 그러므로 기업은 동일한 과정을 되풀이한다. 그리고 그 순환 구조가 잘 만들어져 있으면 비즈니스가 원활하게 돌아간다.

하지만 자신이 관여하는 비즈니스에 대해 그림을 그리라고 했을

## 아마존의 비즈니스 모델

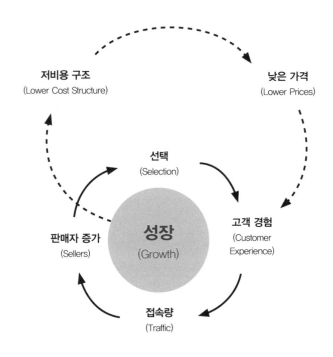

때 곧바로 펜을 들어 거침없이 그려나가는 사람은 극히 드물다. 요컨대, 성공 모델을 만드는 일은 그리 간단하지 않다. 그렇기 때문에 성공하는 패턴을 찾아내려는 생각이 중요한 것이다.

성공 패턴을 찾아내는 일은 곧 비즈니스 모델을 적절하게 설계하는 것과 같다. 비즈니스 모델의 설계는 경영학 이론이나 프레임워크에서 힌트를 얻을 수 있다.

# 경영학은 '맞춤형'이 아니다

널리 알려진 경영학 이론과 프레임워크에는 저마다 나름의 근거가 있다. 새로운 개념을 제시하거나 경영자가 확인해야 할 항목 리스트를 제안함으로써 많은 사람에게 도움이 되는 시사점을 제공한다. 그러나 때로는 분석 절차가 지나치게 복잡하거나 중요한 관점이 누락되기도 하며 현실성이 떨어지는 부분도 있다.

경영학 이론과 프레임워크는 실제로 사용하려면 늘 부족하거나 지나친 구석이 있다. 자신의 상황에 그대로 적용해보면 어딘가 불충분하다. 정작 중요한 문제를 설명해주지 못하는 것이다.

한편 자신의 상황에 적용했을 때 남는 경우도 있다. 자신에게 불필요하다고 여겨지는 요소가 포함되어 있는 것이다. 부족하거나 지나쳐서 개별 상황에 딱 맞아떨어지지 않는 것은 경영학 이론의 숙명이라고 할 수 있다.

그러므로 경영학 이론이나 프레임워크가 어떤 조건을 충족할 때 들어맞는지 파악하고, 어떤 예외나 한계가 있는지 이해하는 과정이 반드시 필요하다.

이렇게 결점과 한계를 포함해 이론을 이해한 다음, 그것을 토대로 자신의 목적과 상황에 맞춰 수정하는 것이 가장 바람직하다. 부족한 부분은 보태고 필요 없는 부분은 제거하며, 더 나아가 자신만의 프레임워크나 개념을 창조하는 것이다. 이를 자유자재로 할 수 있는 것이 바로 경영학을 공부하는 사람이 지향해야 할 최종 목표다.

## ■ 명제 3 ■

# 이론의 '사상'과 '개념'을 이해한다

경영학을 공부할 때 중요한 것은 이론이나 프레임워크를 외워서 기계적으로 적용하는 것이 아니다. 이론의 목적, 그 배경에 있는 사상, 이론 구축에 사용된 개념 등을 이해한 다음, 이를 바탕으로 부족한 부분과 지나친 부분을 스스로 조정해야 한다.

경영학 이론이나 기법은 저마다 특정한 사상, 즉 기본 명제를 내포하고 있다. 그 이론은 무엇을 지향하는가? 어떤 전제하에 성립하는가? 이것을 알지 못하면 이론의 적용 범위와 올바른 사용 방법을 파악할 수 없다. 예를 들어 익히 알려진 마이클 포터Michael Porter의 '5세력 모형5 forces model'은 경제학의 산업조직론을 기본으로 하며, '독점도가 높아지면 초과 이윤이 발생한다'라는 경제학의 기본 명제를 따른다(제9장 참조).

또 경영학 이론을 공부할 때는 그 이론이 무엇을 설명하고자 하는지 정확히 알아야 한다. 다시 말해 향상시키고자 하는 지표, 개선하고자 하는 변수(목적 변수)를 머릿속에 확실히 입력해두어야 한다. 이를테면 5세력 모형의 목적 변수는 '업계 평균 이익률'이다.

그리고 이론 안에는 여러 가지 개념이 등장한다. 5세력 모형에서는 '업계' '전략 그룹' '차별화' '비용 우위' 등이 핵심 개념이므로, 이러한 개념의 의미를 이해하는 것이 중요하다.

경영학 등의 사회과학 이론은 여러 개념을 조합해 만들어진다. 따라서 개념을 이해하지 않고서는 경영학 이론이나 프레임워크를 제대로 구사할 수 없다.

앞서 설명한 바와 같이 경영학 이론이나 프레임워크를 실제 비즈니스에 적용하려고 할 때 개별 상황에 맞아떨어지는 경우는 드물다. 그러므로 각자 상황에 맞게 손보지 않으면 쓸모가 없다. 이때 이론의 밑바탕이 되는 사상이나 분석 기법을 구성하는 개념과 원리를 이해하고 있으면 스스로 수정하고 보완할 수 있다.

5세력 모형이나 블루오션 전략 등은 모두 훌륭한 이론이지만, 결국 그 속에 등장하는 프레임워크를 외우는 것보다 이론을 구성하는 개념이나 원리를 이해하는 것이 더 실질적으로 도움이 된다.

수학에서 기본 원리를 이해하면 수많은 수식을 일일이 외우지 않고도 올바른 식을 세워 답을 도출하는 것과 같은 이치다. 이 책에서는 그 원리에 해당하는 부분을 이해해서 응용하는 사고법에 관해 생각해보고자 한다.

## ▪ 명제 4 ▪

# 개념을 의사 결정의 발판으로 삼는다

베조스의 냅킨 같은 성공 패턴을 그릴 때는 '이렇게 하면 성공한다' 라고 상정할 필요가 있다. 경영학에는 '이렇게 하면 이렇게 된다'와 같이 인과관계(명제)를 일반화한 개념도 다수 존재한다(제8장 참조).

'밴드왜건 효과<sup>Bandwagon Effect</sup>'를 예로 들어보자. 밴드왜건은 퍼레이드의 선두에서 음악대를 태우고 달리는 차를 가리킨다. 여기에 '효과'를 붙인 이유는 흥겨운 밴드왜건에 이끌려 퍼레이드의 인파가 늘어나는 것처럼 '인기가 인기를 부르는' 현상을 뜻한다. '어떤 선택이 유행한다는 정보가 퍼지면 그 선택이 한층 더 촉진된다'는 명제를 개념화한 것이다. 유행을 따라가고 싶은 심리가 작용한 일종의 군중 행동이다.

굳이 밴드왜건 효과라는 말을 사용하지 않아도 인기가 인기를 낳는다는 것 정도는 안다고 말하는 사람도 있을 것이다. 하지만 개념은 의미를 짧은 단어로 농축해 머릿속에 입력할 수 있다는 점에서 무척 편리하다. 이는 지적 창조의 서랍을 늘리는 데 도움이 된다.

밴드왜건 효과를 알고 있으면 어떤 상품을 선전할 때 특정 지역이나 특정 사람들 사이에서 인기에 불을 붙인 다음, 이를 기점으로 광범위하게 주목받도록 하는 방법을 고안할 수 있다. 그렇게 하면 홍보비용도 절감할 수 있을 것이다.

아니면 경쟁 상품이 밴드왜건 효과를 누리는 동안에는 무리해서 대항하기보다 다음 기회를 노리는 것이 낫다고 판단할 수도 있다. 반대로 밴드왜건 효과에 의해 시장을 석권하는 상품이 존재할 경우, 그 흐름에 편승하는 상품을 출시할 수도 있다.

요컨대, 개념은 의사 결정에 큰 도움이 된다.

# 개념이란 별자리의 이름과 같다

그렇다면 개념이란 도대체 무엇일까? 개념은 어떤 과정을 통해 자리 잡을까?

개념은 평소 일상생활에서 사용하는 것과 무언가를 설명하기 위해 인위적으로 '만들어진' 것으로 나뉜다. 후자를 '구성 개념'이라고 한다.

구성 개념은 인공적인 개념이므로, 실체를 근거로 하는 동시에 상대성도 지닌다. 동료 교수인 스기우라 마사카즈杉浦正和는 이를 다음과 같이 표현했다. "개념을 정의하는 작업은 밤하늘에 무수히 떠 있는 별 가운데 몇 개를 묶어 '별자리'로 정하고 이야기를 엮어내는 것과 같다."

옛사람들은 별이 밤하늘에 늘어선 모양을 보고 '전갈자리' '백조자리' '오리온자리' 등으로 불렀다. 모두 그럴듯한 이름이다. 개념의 정의 역시 이처럼 설명하고 싶은 대상에 적당한 이름을 붙이는 것이라고 할 수 있다.

이름을 붙여놓으면 여러모로 유용하다. '작은곰자리 방향으로 나아가라' '전갈자리가 보이기 시작할 때쯤 만나자' 따위의 커뮤니케이션이 가능해진다. 별자리의 움직임과 다른 자연현상을 결부시켜 관찰함으로써 수많은 인류의 지혜가 탄생했다.

게다가 이름을 잘 지으면 그 개념이 널리 알려질 가능성이 커진다. 최근의 예로 '블루오션 전략' '프리미엄Freemium' '셰어링' 등을 들 수 있는데, 이들은 사업가의 호기심을 자극하는 탁월한 구성 개념이라고 할 수 있다.

다만 누군가가 정의한 개념에 모든 사람이 동의하라는 법은 없다. "아니, 저 별은 도무지 전갈처럼 안 보여" 또는 "작은곰 같지 않은데?" 하고 이견을 내놓는 사람도 있을 것이다. 인위적으로 붙인 이름이니 당연하다.

이의를 제기한 사람이 다른 개념을 제창하는 경우도 있다. 만약 새로운 개념이 사회현상을 더 적절하게 설명한다면 새로운 이론의 탄생으로 이어질 수도 있다.

# 키워드를 스스로 정의한다

경영학의 개념은 대부분 다른 분야에서 빌려온 말이다. 경제학이나 사회학, 또는 심리학이나 철학에서 빌려온 말도 있다.

사회과학에는 중요한 키워드인데도 정의가 통일되지 않은 사례가 많다. 통계학이나 물리학의 경우에는 단어의 정의가 사람마다 다르면 큰 혼란에 빠지지만, 사회과학은 그런 면에서 비교적 느슨하다. 누군가가 내린 정의를 모두 그대로 사용하기도 하지만, 때로는 전혀 다르게 정의하는 사람이 나타나기도 한다. 단어를 명확하게 정의하지 않은 채 사용하는 사람도 많다.

그리고 단어의 정의에 추가로 정의가 필요한 단어가 포함되는 것이 사회과학의 특징이다. 물론 단어의 정의만 한없이 되풀이해도 의미가 없으므로, 결국 적당한 선에서 타협해 '이해한 척' 넘기는 수밖에 없다. "비즈니스의 '구조'란 무엇입니까?"와 같은 질문을 받았을 때, 무언가 대답할 수 있으면 충분하다. 스스로 생각을 정리해두면 질문을 받았을 때 얼마든지 대답할 수 있다.

타인이 내린 정의를 그대로 외워서는 아무런 도움도 되지 않는다. 애초에 정의를 구성하는 단어가 늘 명확한 것은 아니므로 납득되지 않는 경우가 생기기 마련이다. 따라서 스스로 고찰하지 않으면 결코 자기 것으로 만들 수 없다. 직접 뜻을 음미하는 것이 중요하다.

최종 목표는 핵심적인 개념을 스스로 정의하는 것이다. 모든 말을 스스로 정의 내릴 필요는 없지만, 적어도 자신이 사용하는 중요한 키워드는 제 힘으로 정의할 수 있어야 한다.

스스로 개념을 재창조하는 일은 자신의 상황을 창의적으로 디자인할 수 있게 만들어준다.

## ▪ 명제 7 ▪

# 목적에 맞춰 '추상도'를 설정한다

경영학 이론은 분류 및 범위 설정이 필수다. 이는 쉽지 않은 문제다. 분류나 범위 설정을 어렵게 하는 요인은 몇 가지가 있는데, 특히 '착안점'과 '추상도'가 중요하다. 여기서는 추상도를 중심으로 설명하려고 한다. 예를 들어 어떤 개념을 정의할 때, 추상도를 높여 범위를 넓히면 그에 해당하는 항목이 늘어난다. 반대로 추상도를 낮춰 구체적으로 정의하면 그에 해당하는 항목이 줄어든다.

그렇다면 5세력 모형에 등장하는 '업계'라는 개념은 어떻게 정의해야 할까? 규동 체인점 '요시노야'가 속하는 업계는 외식업계일까, 패스트푸드업계일까, 규동업계일까? 추상도 설정은 사업을 분석하거나 설계할 때 매우 중요한 항목이다. 추상도는 분석하는 사람이 분석 목적에 맞춰 스스로 결정하는 수밖에 없다. 그러므로 자의적인 면이 존재한다. 이는 곧 누구나 납득하는 객관적인 결정 방법이 없다는 뜻이기도 하다.

무언가를 정의할 때는 정의하는 이유를 잘 따져봐야 한다. 목적에 맞춰 분류 및 범위 설정을 합리적으로 할 필요가 있다.

# ▪ 명제 8 ▪

# 이론과 지론은 상호작용하면서 진화한다

'이론'은 과학으로서의 요건을 충족해야 한다. 특수한 상황에서 딱한 번 일어난 현상을 모델화한다고 해서 이론이 되지는 않는다. 이론으로서 성립하려면 거듭해서 재현되는 '반복성'과 같은 현상이 폭넓게 나타나는 '공통성'을 지녀야 한다.

이에 반해, 경영자의 '지론'은 다른 회사에서도 반드시 성립한다고 단언할 수 없다. 또는 상황 변화에 따라 통하지 않기도 한다. 저명한 경영자가 말하는 '성공 법칙'이나 급성장 기업에서 고안한 '성공모델'은 그 경영자의 체험에서 나온 것이므로 설득력이 높지만, 그회사가 처한 특수한 상황에만 해당하는 경우도 많다.

그렇다면 비즈니스 실무자에게 도움이 되는 것은 이론일까, 지론일까? 이런 질문을 받는다면 대답은 '양쪽 모두'가 될 것이다.

먼저, 이론을 배우면 일반적인 '정답'을 구하는 데 도움이 된다. '이렇게 하면 대체로 효과가 있다'라는 사실을 숙지하고 있으면 먼길로 돌아가지 않고 일을 해결할 수 있다.

하지만 모든 일에는 예외가 있는 법이다. 또 경영학의 '답'은 추상

## ■ '이론'과 '지론' ■

이론 ···→ 자기뿐만 아니라 주위 사람들을 포함한 세계, 개인의 영역을 넘어선 세계에서 성립하는 명제(과학)

지론 ···→ 자기 나름의 견해(자칭 '이론')
···→ 자기 나름의 생각을 피부에 와 닿는 형태로 설명한 것
···→ 자기 생각을 나름대로 실천하는 데 도움이 되는 '명제'
···→ 자신이 실제로 마음속에 새겨놓고 사용하는 '명제'
···→ 자신이 속한 세계에 관한 '자신의' 생각
···→ 자기 자신을 설명할 수 있는 '명제'

'이론'은 과학 지식이고 '지론'은 경험 지식이다.
이론과 지론은 상호작용한다.

적이라서 구체적인 상황에 맞는 하나의 답을 도출할 수 없는 경우가 많다. 답이 '차별화'라고 해도, 구체적으로 어떻게 차별화해야 하는지는 스스로 생각해야 한다.

사실 실무자에게 필요한 답은 '자신에게 정답'이면 충분하다. 더 나아가 자기 회사에는 '선택해야 할 정답'이 다른 회사에는 '선택 불가능한 보기'라면, 모방하기 어려운 독자적인 성공 패턴을 수립할 수 있다. 구글, 페이스북, 애플 등 혁신적인 기업은 대다수 회사가 볼 때 '특이한 존재'다. 토요타나 세븐일레븐 또한 이에 속한다.

그렇다면 이러한 기업들은 이론을 따르는가, 지론을 추구하는가. 답은 역시 '양쪽 모두'일 것이다. 경영학 이론대로 일을 처리하는 경우도 많지만, 제각기 자사의 지론을 중시하는 면도 있다.

뛰어난 경영학자는 종래의 이론으로는 설명할 수 없는 '특이한 존재'에 주목해, 거기서 일어나는 현상을 설명하는 새로운 이론을 정립하고자 한다. 이러한 이론화는 결코 간단하지 않지만, 언젠가는 이론도 현실을 따라잡는다. 그리고 새로운 이론을 익힌 사업가는 그것을 실제 비즈니스에 응용한다.

즉, 이론과 지론(실천)은 상호작용하면서 진화한다. 경영학을 비즈니스에 활용하는 것은 이론과 지론이 상호작용하는 세계로 뛰어드는 일이나 다름없다. 이 상호작용을 경영학의 관점에서 나타낸 것이 38쪽의 '이론과 실천이 상호작용하는 지식의 사이클'이다. 이 그림은 이리야마 아키에入山章栄准 교수의 정리를 바탕으로 한 것이다.

## 아마존의 비즈니스 모델

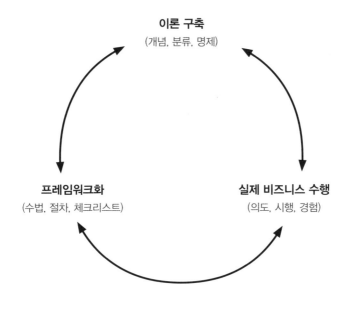

**이론 구축**
(개념, 분류, 명제)

**프레임워크화**
(수법, 절차, 체크리스트)

**실제 비즈니스 수행**
(의도, 시행, 경험)

그림에서 '이론 구축'이란 연구자가 행하는 활동을 가리킨다. 물론 실무자라도 연구자 마인드를 지닌 사람이라면 이 과정에 참가할 수 있다. '프레임워크화'란 이론에 기초해 현실에 적용 가능한 수법과 절차, 체크리스트 등을 고안하는 일을 말한다. 이 또한 연구자가 활약하는 영역이지만, 현실과 이론 사이에서 다리 역할을 하는 컨설턴트나 경영학을 능숙하게 구사하는 실무자가 충분히 참여할 수 있는 활동이다. 이론을 토대로 한 프레임워크는 실제 비즈니스에 활용할 수 있다.

　다만 잊지 말아야 할 것은, 이론과 프레임워크는 부족한 부분도 있지만 동시에 지나친 부분도 있다는 사실이다. 경영학을 제대로 활용하려면, 실무자는 이론과 프레임워크를 자기 나름대로 재창조할 필요가 있다.

　나는 독자들에게 이러한 모습을 기대한다.

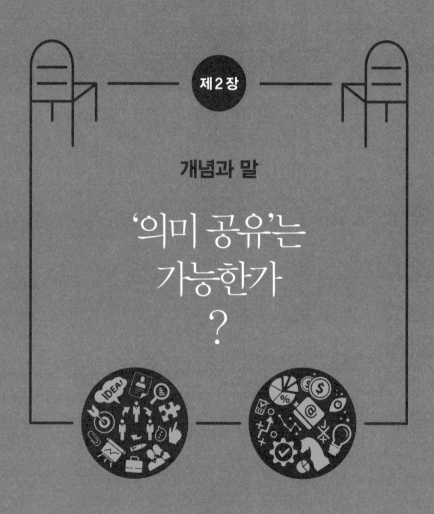

제 2 장

개념과 말

'의미 공유'는
가능한가
?

# '말하면 안다'라는 말은 옳지 않다

제1장에서 언급한 바와 같이 경영학을 비롯한 사회과학은 개념의 집적에 의해 성립한다. 개념은 말로 기술된다. 개념을 정의하기 위해서는 말이 필요하다. 하지만 말은 모호하고 자의적이다. 흔히 '말하면 안다'라고 하는데, 이는 타당하지 않다. 동료들 간에 서로 같은 이야기를 하는 것처럼 보이지만 실제로는 각자 다르게 해석하는 경우도 많다.

일상에서 접하는 구체적인 사물이나 사건에 관해서는 그렇게까지 인식이 엇갈리지 않겠지만, 추상적인 개념의 경우에는 공통된 인식을 형성하기가 쉽지 않다. 개념의 의미가 완전히 공유되어 있느냐고 물으면, 확답하기 어렵다. 이는 사회과학의 숙명이기도 하다.

# 말의 의미는 사회와 역사가 부여한다

도쿄의 '다누키소바'와 오사카의 '다누키소바'는 다르다. 도쿄의 '다누키소바'에는 튀김 부스러기가 들어 있지만 오사카의 '다누키소바'에는 유부가 들어 있다. 도쿄에서는 유부가 들어간 국수를 '기쓰네소바'라고 부르는 것이 일반적이다.

비슷한 예로, 오코노미야키는 오사카와 히로시마에서 차이를 보인다. 오사카의 오코노미야키는 고기 등의 건더기를 밀가루 반죽에 섞어서 굽지만, 히로시마의 오코노미야키는 건더기와 반죽을 따로 익혀서 반죽 사이에 메밀국수나 양배추 등을 끼워 넣는다. 오사카 사람뿐만 아니라 도쿄 등 다른 지역 사람도 '오코노미야키' 하면 오사카의 오코노미야키를 떠올리며, 히로시마의 오코노미야키는 '히로시마풍 오코노미야키'라고 부르는 경우가 많다. 그러나 히로시마에서는 '오코노미야키'라고 하면 히로시마 오코노미야키를 가리키며, 오사카 오코노미야키를 '간사이풍 오코노미야키'라고 구분해서 부른다.

도쿄에는 '몬자야키'라는 음식이 있다. 일본인은 '몬자야키'와 '오코노미야키'를 다른 음식으로 인식하지만 일본을 처음 방문한 외국인은 대체로 잘 구분하지 못한다. '일본식 팬케이크'와 '일본식 피자'라는 어색한 이름을 붙여서 설명해도 외국인에게는 양쪽 모두 밀가루 반죽에 재료를 넣어서 구운 음식일 뿐, 차이를 식별하기란 거의 불가능하다. 그러나 히로시마풍 오코노미야키는 안에 국수가 들어 있어서 외국인도 차이를 쉽게 알아차린다.

이를 정리하면, 대상과 명칭이 일대일로 대응하지 않는 유형은 '대상은 같으나 명칭이 다른 경우' '대상은 다르나 명칭이 같은 경우' '대상의 범위가 모호한 경우'로 나눌 수 있다.

언어는 사회마다 다르다. 이는 다른 언어를 번역할 때도 문제가 된다. 사과는 영어의 'apple'에 대응시켜도 문제가 되지 않지만 자국어 명칭과 외국어 명칭이 딱 맞아떨어지지 않는 경우도 있다. 예를 들어 'management'를 번역할 때 '관리'와 '경영' 중 어느 쪽이 더 적합한지는 문맥에 따라 다르다.

말의 의미는 역사적으로도 변화한다. 이를테면 '신발'이란 단어는 시대의 흐름에 따라 범위가 확장되어왔다. 현대의 샌들이나 부츠를 에도 시대 사람에게 보여주며 신발이냐고 물으면 아니라고 대답하지 않을까?

말의 의미는 사회가 부여한다. 이를테면 '차를 마시다'라는 말은 차나 커피를 마신다는 의미뿐만 아니라 '잡담을 하다' '휴식을 취하다'라는 의미를 포함하기도 한다. 말이 뜻하는 범위는 사회가 결정한다.

- 현실을 말로 표현할 때,
대상을 '묶는 방법'은 한 가지가 아니다 -

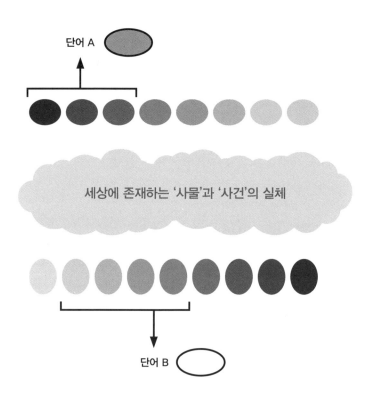

단어 A

세상에 존재하는 '사물'과 '사건'의 실체

단어 B

# 말과 대상이 반드시 일치하는 것은 아니다

말에는 자의성이 존재한다. 어떤 대상에 어떤 말이 대응되는가, 또는 어떤 말이 어떤 대상을 가리키는가? 이러한 생각은 사람마다, 사회마다, 시대마다 달라서 누구나 동의하는 말의 정의란 애초에 존재하지 않는다. 인간은 같은 대상을 보고 있어도 그것을 똑같이 인식한다고 단언할 수 없다. 즉, 말이 가리키는 대상을 어떻게 보느냐는 사람마다 달라서 일치하지 않을 수도 있다.

　현실과 언어가 일대일로 대응한다는 견해를 '소박한 반영론'이라고 한다. 언어가 현실을 그대로 베낀 그림처럼 현실의 요소에 대응한다는 사고방식이다. 즉, 언어는 일종의 그림이며 현실을 고스란히 투영한다고 보는 것이다. 하나의 대상을 '올바르게 표현하는' 말은 단 하나뿐이라고 여긴다. 하지만 지금까지 설명한 것처럼 사회현상에 관해서는 소박한 반영론이 성립하지 않는다. 그러므로 사회과학에서 사용하는 용어 또한 소박한 반영론을 따르지 않는다.

　우리는 '비즈니스 모델'이나 '플랫폼' '자동차업계' 등의 용어를 사용하지만, 이들 용어가 가리키는 대상은 누구에게나 동일한 형태

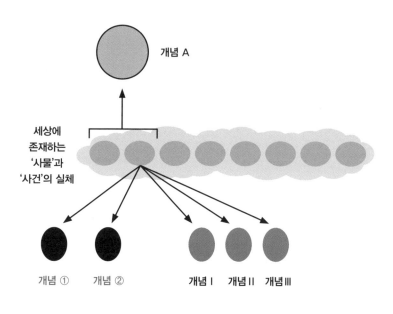

로 존재한다고 보기 어렵다. 일상용어조차 사람마다 다른 의미로 사용하는데, 하물며 인공적인 개념은 어떻겠는가. 구성 개념의 정의는 좀처럼 공유하기 어려운 것이 현실이다.

　사회과학의 개념은 '공유되는 듯 보이지만 공유되지 않으며, 그런데도 어떻게든 의미가 통하는 것'이라고 할 수 있다.

■ 명제 12 ■

# 정의에는 두 가지 방법이 있다

철학의 세계에는 정의하는 방법이 두 가지 있다. 바로 '내포'와 '외연'이다.

내포란 개념을 말로 설명하는 것이다. 대상의 특징을 잡아내 적확하게 말로 나타낸다. 최대한 포괄적으로, 예외가 없도록 설명해야 한다. 예를 들어『다이지센大辞泉』사전에서 '컵'을 찾아보면 "음료를 마시는 데 사용하는, 주로 유리로 된 원통형 그릇"이라고 적혀 있다.

이에 반해 외연이란 구체적인 대상을 지정하는 것이다. '이것은 ○○이다' '이것도 ○○이다'와 같이 구체적으로 짚어나간다. 이 방법은 명료하다는 장점이 있지만 모든 대상을 망라하기 어렵다는 단점이 있다. 그리고 새로운 대상이 나타날 때마다 '종이컵'은 컵에 포함되는가, '머그컵'은 컵에 해당하는가를 고민해야 한다.

통상적으로 정의란 내포를 가리키며, 외연과 같은 방법은 정의라고 하지 않는다. 사회과학에서 필요로 하는 것 또한 내포를 통한 정의다.

그러나 자녀에게 말을 가르칠 때 내포에 의한 정의를 사용하는 부모는 없다. 교육열이 높은 부모의 손에서 자랐지만 나 역시 내포에 의한 정의로 말을 배운 기억은 없다. 실제 컵을 가리키며 '컵'이라고 말했을 뿐이다.

만약 부모가 접시를 보여주며 계속 '컵'이라고 말하면 어떻게 될까? 이런 점도 고려해 정의의 중요성을 생각해보자.

▪ 정의의 두 가지 방법 – 내포와 외연 ▪

⋯ 특정 사물에 공통되는 징표(속성)의 총체

⋯ '총체=모든 속성'을 명시하는 것은 불가능

⋯ 개념이 적용되는 사물의 범위

⋯ '모든 적용 대상'을 명시하는 것은 불가능

출처: 『이와나미 철학 소사전』

# 정의는 '가족적 연결'을 통해 공유된다

개념 설정은 자의성을 띠므로 절대적인 정의란 존재하지 않는다. 달리 말하면, 언어는 현실을 거울에 반사시켜 맺힌 상이 아니다.

그러나 사람은 서로 이해할 수 있다. 우리는 마치 개념을 공유하는 것처럼 상대방과 의견을 나눈다. 이는 의견을 주고받는 사람들이 '이해한 척'하고 있다는 뜻이기도 하지만, 어느 정도 개념이 공유된다는 뜻으로 해석할 수도 있다.

앞서 설명한 바와 같이 말을 정의하는 방법에는 내포와 외연이 있는데, 일상생활에서 내포에 의한 정의를 공유해 의사소통을 하는 사람은 없다.

그렇다면 개념의 공유는 어떻게 진행될까? 루트비히 비트겐슈타인Ludwig Wittgenstein의 '언어 놀이 이론'이 이를 잘 설명한다. 이 이론에서 언어활동은 일종의 게임으로, 우리는 언어를 사용하는 게임을 통해 각각의 언어가 가리키는 대상을 이해한다고 설명한다.

어린아이가 처음으로 장기를 두거나 야구를 할 때, 규칙을 전부 익히고 나서 게임에 참여하는 경우는 드물다. 오히려 게임을 하면서 자연히 규칙을 이해하게 된다. 또 규칙을 완벽하게 이해하지 못해도 게임을 즐길 수 있으며, 심지어 잘할 수도 있다.

언어활동도 이와 같다. 어른이 아이에게 고양이 몇 마리를 보여주며 '고양이'라고 반복해서 말하면, 다른 고양이를 보았을 때도 그것을 고양이라고 인식하게 된다. 큰 고양이, 작은 고양이, 검은 고양이, 흰 고양이 등 다양한 고양이를 보여주면서 '고양이'라고 말하는 사이 고양이가 무엇인지 알게 되는 것이다. '고양이'의 정의를 내린 것도 아닌데 어떻게 알게 되는 것일까? 비트겐슈타인은 이를 '가족 유사성'이라는 개념으로 설명한다.

언어의 대상물은 그 대상 전체에 공통되는 내포적 정의를 갖지 못하지만, 친척 관계처럼 느슨한 연결 고리로 이어져 있다. 이것이 바로 가족 유사성이다. 즉, 개념은 연상이 꼬리에 꼬리를 물듯이 공유된다. 그래서 아이는 고양이가 무엇인지 알 수 있는 것이다.

내포와 외연이 존재하지 않아도 유사성은 식별할 수 있기 때문에, 사람들은 유사성의 연결을 통해 개념을 공유해왔다. 일상생활에서는 외연적 정의도 내포적 정의도 사용되지 않지만 결과적으로 '개념의 공유'는 이루어지고 있다. 가족 유사성이 이를 증명한다는 것이 비트겐슈타인의 이론이다.

사회과학은 내용에 따른 정의를 필요로 하는데, 이는 인위적인 정의다. 이런 이유로 사회과학에서 사용하는 개념을 '구성 개념'이라고 부른다.

사회과학의 개념도 실은 인위적인 가족 유사성에 기초해 공유된다고 볼 수 있다. 이론에 등장하는 개념은 내포적으로 정의되어 있지만, 이론을 사용하는 사람 모두가 개념을 전부 이해하고 나서 해당 이론의 세계에 뛰어든다고 단정할 수는 없다. 모든 개념을 음미한 뒤 그 이론을 사용하는 사람은 아주 드물다. 이론에 접근할 기회가 생기면 일단 그 세계에 들어가서 생각하기 시작한다. 즉, 가족 유사성 안에서 생각할 가능성이 크다.

사회과학은 주요 개념의 내포적 정의를 요구하지만 비즈니스 현장에서는 개념을 철저하게 고정할 필요가 없다. 개념의 엄밀성을 추구하는 것은 학문의 세계이며, 실무에서는 그렇지 않다는 점에 주의해야 한다.

하지만 경영학이 과학으로서 존재하기 위해서는 내포적 정의가 필요하다. 그 내포적 정의에는 항상 불충분한 점이 남아 있지만, 가족 유사성을 통해 개념을 공유할 수 있다. 개념의 공유가 가능하다는 전제하에 의논이 전개된다는 것이 사회과학의 특징이다.

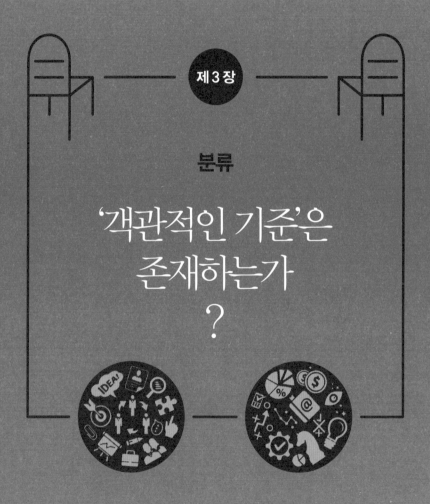

제 3 장

분류

'객관적인 기준'은
존재하는가
?

# 대상을 분류하려면 기준이 필요하다

사회과학에서 개념의 정의가 필요한 이유는, 대상을 한정하거나 분류하지 않으면 분석할 수 없기 때문이다. 대상을 분류하기 위해서는 반드시 기준이 필요하다.

개념의 정의는 자의적으로 이루어지기 때문에 개념을 사용한 분류에도 자의성이 존재한다. 이와 같은 점을 생각해보기 위한 실마리로서 '미운 오리 새끼의 정리'를 소개한다.

'미운 오리 새끼의 정리'는 인지과학 분야의 이론이다. 이론 물리학 및 정보 이론 연구자인 와타나베 사토시渡辺慧가 주창해, 세계적으로 널리 알려져 있다.

알다시피 안데르센의 동화 『미운 오리 새끼』는 새끼 오리들 사이에 잘못 섞여 들어간 새끼 백조가 못생겼다는 이유로 따돌림당하는 이야기다. 새끼 백조는 절망에 빠져 혼자 떠돌아다니지만, 성장하자 아름다운 백조의 모습으로 변한다.

'미운 오리 새끼의 정리'에 따르면 미운 오리 새끼와 평범한 새끼 오리, 즉 새끼 백조와 새끼 오리의 닮은 정도는 새끼 오리 두 마리의 닮은 정도와 같은 수준이라고 한다. 이를 추상화하면 '임의의 두 가지 대상이 있을 때, 유사점과 차이점을 열거해보면 반드시 같은 개수가 나온다'라고 정리할 수 있다.

평범한 새끼 오리 한 마리와 미운 오리 새끼 한 마리가 있을 경우, 둘은 과연 얼마나 닮았을까? '크기가 거의 똑같다' '양쪽 모두 부리가 있다'와 같이 닮은 부분을 열거할 수 있다. 그리고 '색이 다르다' '부리의 모양이 다르다'와 같은 차이점을 꼽을 수 있다.

새끼 오리 두 마리가 있을 경우에도 마찬가지로, 두 마리의 닮은 부분과 다른 부분을 나열할 수 있다. 예를 들면 같은 오리라도 체중의 차이 또는 상처의 유무 등을 지적할 수 있다.

이처럼 미운 오리 새끼와 평범한 새끼 오리를 비교할 때나 새끼 오리 두 마리를 비교할 때나 그 유사점과 차이점의 수가 비슷하다는 것이 미운 오리 새끼의 정리다. 유사점과 차이점의 수를 헤아린다는 관점에서 보면, 미운 오리 새끼와 평범한 새끼 오리를 비교하는 것은 새끼 오리 두 마리를 비교하는 것과 원리적으로 동일하다.

유사점과 차이점의 수를 기준으로 하면 미운 오리 새끼를 차별할 근거가 없어진다. 미운 오리 새끼 또한 자신이 백조라는 사실을 깨달았다고 해서 우위에 서지 않는다. 어쨌든 유사한 부분과 차이 나는 부분의 '개수' 자체는 같다는 것이 이 정리의 핵심이다. 와타나베 사토시는 수학의 집합론을 사용해 이 명제를 증명했다.

# ▪ 미운 오리 새끼의 정리(와타나베 사토시, 1969) ▪

미운 오리 새끼와 평범한 새끼 오리, 즉 새끼 백조와 새끼 오리는 비슷하게 생긴 새끼 오리 두 마리와 같은 수준으로 닮았다.

> 임의의 두 대상이 있을 때, 유사점과 차이점을 열거하면 같은 개수가 나온다.

# 분류는 '착안점'에 의해 정해진다

하지만 실제로 우리는 미운 오리 새끼와 평범한 새끼 오리를 다른 것으로 인식한다. 이는 어떤 부분에 주목해서 비교하느냐에 따른 문제다. '어미가 누구인가' '성장했을 때의 모습이 어떠한가' 등에 중점을 두기 때문에 다르다고 여기는 것이다.

동물은 대부분 성장했을 때의 모습을 기준으로 분류한다. 현재는 DNA의 차이로 분류하지만, 분류학은 기본적으로 '성체가 되었을 때 외견이 다른 동물은 별개의 종류로 본다'라는 기준을 기반으로 한다. 그러므로 미운 오리 새끼는 오리가 아니라고 보는 것이다.

어디에 착안점을 두느냐는 분류 대상에 따라 결정되는 것이 아니다. 특정 부분에 착안하는 이유는 아마도 사회 쪽에 있을 것이다. 아니면 그 부분에 착안할 수밖에 없는 가치관을 가지고 있을지도 모른다.

## ▪ 명제 16 ▪

# '착안한 이유'를 명확히 해야 한다

분류할 때는 반드시 어떠한 특징에 착안한다. 그 특징을 확인해 '이
것과 저것은 다르다' '이것과 저것은 같다'라고 판단한다. 어떠한 요
소에 착안한다는 것은 그 요소를 차이로 인식해야 한다는 가치관이
뒷받침되고 있다는 뜻이다. 즉, 가치관에 의해 뒷받침되지 않으면 분
류가 불가능하다. 따라서 분류는 원리적으로 개인의 주관이 크게 작
용할 수밖에 없다.

　반대로 말하면, 분류할 때는 '전제되는 가치관이 무엇인가'를 표
현하는 것이 매우 중요하다. 왜 그 특징에 착안하는지 설명할 필요
가 있다. '이렇게 정의했다'라고 할 때는 그 정의가 옳다고 생각하는
이유도 함께 말해야 한다.

　미운 오리 새끼의 정리에서 보았듯이, 형식상으로는 모든 것을
'같다'고 주장하는 것도, '다르다'고 주장하는 것도 가능하다. 이는
어떤 특징에 착안하느냐에 따라 달라진다.

　논리적으로는, 내가 아이돌 그룹의 멤버 사이에 섞여 들어갔을 때
"네고로 씨가 멤버로 들어가는 것은 이상하다"며 반발할 수도 있고,

"네고로 씨는 멤버에 어울린다"며 받아들일 수도 있다.

무언가를 "같다" 또는 "다르다"라고 말하려면 무엇에 착안점을 두었는지 설명해야 한다. 이를 위해서는 착안한 특징에 정말 가치가 있는지 곰곰이 생각해봐야 한다. 착안한 특징의 중요성이 공유되지 않는 한, 그 가치관은 혼자만의 믿음에 지나지 않는다.

그러므로 기존 개념의 정의나 분류를 무작정 믿지 않는 것이 좋으며, 개념 정의나 분류를 채택할 것인지 결정하기 전에 철저히 따져봐야 한다. 경영학의 이론 및 개념은 반드시 보편적으로 수용된다고 단정할 수 없다.

지금까지 설명한 내용을 정리해보자. 사회과학은 개념 설정을 필요로 한다. 그리고 대상의 분류 또한 요구된다. 어디에 착안점을 두느냐에 따라 분류가 바뀐다. 원리적으로는, 비슷한 대상을 같다고 보는 것도, 다르다고 보는 것도 가능하다. 심지어 보편적으로 같다고 보지 않는 두 대상을 같은 것으로 간주할 수도 있다.

분류는 가치관에 의해 뒷받침된다. 가치관은 사람마다 다르기 때문에 누구나 옳다고 인정하는 객관적인 기준으로 대상을 분류하는 것은 원칙적으로 불가능하다.

이는 매우 중요한 사실이다. 객관적인 기준으로 대상을 분류할 수 있으며 누구에게나 통용되는 분류가 존재한다고 생각하는 사람이 많지만, 사실상 그런 분류는 불가능하다. 분류란 '나는 이런 식으로 분류했다' '당신이 분류한 것보다 이쪽이 낫다고 생각한다'와 같이 주관적인 것이다. 이는 무엇에 착안하느냐에 따라 달라진다.

분류는 얼마든지 가능하다. 분류하는 대상 자체에는 가치가 없다. 중요한 것은 분류하는 그 행위에 어떤 가치가 있느냐이다. 따라서 왜 그렇게 분류하고 싶은지 밝힐 필요가 있다.

무엇을 위해 분류하는지, 분류에 사용한 속성이 무엇인지, 어떤 의미가 있는지 제시해야 한다. 이러한 설명이 누락된 분류는 과학이라고 할 수 없다. 더불어 사고실험에도 사용할 수 없다. 사고실험은 개념과 프레임워크를 낱낱이 분석해 사용함으로써 효과를 높이는 방법이기 때문이다.

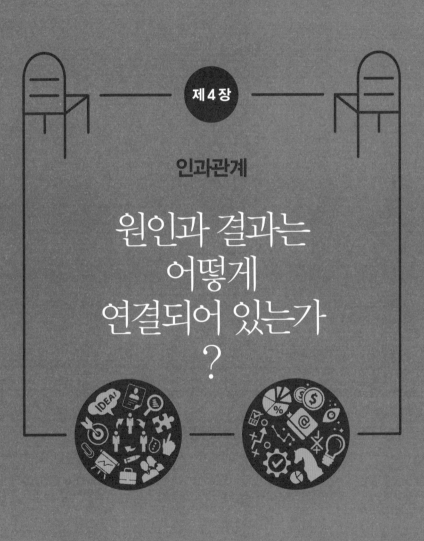

## 제 4 장

인과관계

# 원인과 결과는 어떻게 연결되어 있는가 ?

■ 명제 17 ■

# 사회과학의 인과관계는 자연과학과 다르다

경영학이나 경제학 등의 사회과학은 '이렇게 하면 좋은 결과를 얻는다'와 같은 법칙의 발견을 목적으로 한다. 경영학은 사업을 성공시키려면 어떻게 해야 하는지 설명하는 학문인데, 그 법칙성을 나타낸 것이 경영학 이론이다.

이론은 '반복성'에 주목한다. 즉, '이렇게 하면 이렇게 된다'라는 반복성을 주장하는 것이 바로 이론이다. 따라서 일회적인 현상은 이론이 될 수 없으며, 반복성을 찾아내기 위해서는 인과관계를 이해할 필요가 있다.

자연과학에서 'A를 원인으로 B가 발생한다'라는 인과관계가 성립하려면 다음 세 가지 성질을 충족해야 한다.

첫째, A는 B에 시간적으로 선행한다. 즉, 먼저 일어나지 않은 일은 원인이 될 수 없다. A가 B보다 시간적으로 앞서야 한다는 것은 인과관계의 근본적인 조건으로, 이를 '원인의 시간적 선행성'이라고 부른다. 우선 시간 순서를 확인할 필요가 있다.

둘째, A가 없으면 B는 발생하지 않는다. 이를 '원인의 불가결성'이

라고 한다. 예를 들면 '인력이 존재하기 때문에 물건이 낙하한다'와
같은 것이다.

셋째, B가 발생하기 위해서는 A만 있으면 충분하며 다른 요소는
불필요하다. 이를 '인과의 보편성'이라고 한다. 즉, B는 A만으로 발
생한다. 물건이 낙하하기 위해서는 인력이 존재하면 된다. 그 밖의
요소가 없더라도 인력만 있으면 물건은 아래로 떨어진다. 다만 다른
요소가 그것을 방해할 수는 있다. 예를 들어 밑에서 열심히 바람을
일으키면 물건이 떨어지지 않는다. 그러나 인력, 즉 원인은 사라지지
않는다. 방해로 인해 B가 일어나지 않았다고 해도 인과관계 자체가
무너졌다고 보기는 어렵다.

이 세 가지 성질을 갖췄을 때, 자연과학에서는 인과관계가 있다고
간주한다.

그런데 사회과학의 경우는 조금 다르다. 세 가지 중 시간적 선행
성은 사회과학의 인과관계에도 해당하지만, 나머지 두 성질은 재고
의 여지가 있다.

먼저 A를 원인으로 B가 발생한다고 했을 때, 실제로는 A가 일어
나지 않았는데 B가 발생하는 일이 제법 있다. 일하는 사람의 의욕이
높아졌을 때 '급료가 오르면 의욕이 높아진다'라는 관계가 성립할
수도 있으나, 의욕 향상에 영향을 미치는 요인은 그것뿐만이 아니다.
예를 들어 '권한과 책임이 주어지면 의욕이 높아진다'라는 인과관계
도 성립할 수 있다. 그러므로 급료 인상은 의욕 향상의 필수 요건이

아니다.

　이렇듯 사회과학에서는 원인의 불가결성을 주장하기 어렵다. 즉, A가 없으면 B가 발생하지 않는다고 단정 지을 수 없다. A 이외의 원인이 존재할 수도 있다는 것이다(대체 원인 존재).

　게다가 A만 충족되면 B가 발생한다는 인과의 보편성도 확신할 수 없다. 예를 들어 "급료의 격차가 작아도 동기를 부여할 수 있다"라는 주장은 종신 고용이라는 또 하나의 요인이 존재하는 경우에 한해서 성립한다. 다시 말해, 어떤 결과를 단 하나의 원인만으로 설명할 수 없다는 것이다. 이를 '원인의 부분성'이라고 한다.

　이와 같이 '원인의 불가결성'과 '인과의 보편성'이 결여된 사회과학에서는 물리학 등의 자연과학에서처럼 강한 법칙성을 주장할 수 없다. 단, 여러 가지 사례를 조사하면 '이렇게 하는 편이 성공하기 쉽다'라는 경향을 파악할 수 있다. 경영학 이론에서 인과관계는 이러한 성질을 지닌다. 따라서 경영학 명제를 보편 법칙이 아니라 경향 법칙이라고 부른다.

# ▪ 인과관계 ▪

**자연과학**
- ┄→ A는 B보다 시간적으로 앞선다(선행성).
- ┄→ A가 없으면 B는 발생하지 않는다(불가결성).
- ┄→ A만 충족하면 B가 발생한다(보편성).

**사회과학**
- ┄→ A는 B보다 시간적으로 앞선다(선행성).
- ┄→ A가 없어도 C가 있으면 B가 발생한다(대체 원인 존재).
- ┄→ A와 더불어 D도 없으면 B가 발생하지 않는다(원인의 부분성).

# '시간의 흐름'은 절대 무시할 수 없다

모호한 면이 있는 사회과학의 인과관계라도 원인이 결과에 시간적으로 선행한다는 것은 확실하다. 먼저 일어나지 않으면 원인이 아니다. 나중에 일어난 일은 원인이 될 수 없다. 그러므로 시간 순서를 포함하지 않은 인과관계의 설명은 본질적으로 타당하지 않다고 볼 수 있다.

'당사가 성장한 세 가지 이유' 또는 '성공을 위한 일곱 가지 조건'처럼 성공한 원인을 나열하는 경우가 종종 있다. 하지만 시간 순서가 누락된 인과관계를 듣고 그대로 믿어버려서는 안 된다. 그런 이야기를 들으면 모든 요인이 동시에 작용했는지, 각각의 요인은 시간의 흐름상 어떤 관계에 있는지 확인해야 한다.

본래 인과관계에는 시간 축이 있어서 복수의 요인이 동시에 작용할 수 없다. 그러므로 원인을 나열하는 것은 시간 축을 무시하는 행위라는 사실을 명심해야 한다. 시간을 압축해버림으로써 요인들이 시간의 흐름에서 뒤엉킨다는 사실을 무시하는 것이다.

결국 시간 축을 무시한 인과관계는 인과 메커니즘을 분석할 때 모호성을 높인다. 원인과 결과의 순서를 구체적으로 분석하지 않는다는 뜻이다. 즉, 인과관계에는 순서가 있으며 그것을 무시해서는 안 된다. 시간적 선후가 존재하는 것이 인과관계의 본질이다. 원인을 찾아내기 위해서는 어느 시간에 무슨 일이 일어났는지 기술할 필요가 있다.

"구글은 왜 성공했는가?"라고 묻는다면 "리스팅 광고라는 새로운 비즈니스 모델의 선구자이기 때문이다" "기업 문화가 유연하기 때문이다" "자본 정책 때문에 성공했다" 등 이유를 얼마든지 들 수 있다. 하지만 특정 기업의 성공 요인을 제대로 분석하기 위해서는 시간 축의 분석이 필요하다.

시간을 압축한 분석은 겉보기엔 그럴싸하지만, 인과관계의 본질을 생각하면 거짓이나 다름없다. 인과관계에는 반드시 시간 축이 존재하기 때문이다.

## ▪ 명제 19 ▪

# 인과관계는 그물망처럼 얽혀 있다

사회과학의 인과관계는 원인과 결과가 시간의 흐름에 따라 그물망 구조처럼 얽혀 있다. 이를 '인과 연쇄의 그물망 구조론'이라고 한다. 이 이론은 인과관계를 다음과 같이 설명한다.

하나의 현상에는 여러 가지 원인이 존재한다. 하나의 현상은 여러 가지 결과를 이끌어낸다. 즉, 원인과 결과는 복수성을 지닌다. 그러므로 한 가지 현상의 원인을 하나의 선행하는 현상에서 찾기는 어렵다. 자연과학처럼 일대일로 확정된 인과관계가 아니라 뒤섞여 있는 인과 연쇄로서 현상을 받아들일 수밖에 없다. 인과 연쇄의 그물망 구조론은 인과의 다원성을 주장한다.

하나의 현상이 여러 가지 결과를 낳는 이유는 '의도치 않은 결과'가 발생하기 때문이다(제7장 참조). 무언가를 개선하기 위해 어떤 조처를 취하면 반드시 부작용이 나타난다. 부작용이 없는 조처는 없다. 그러므로 의도하지 않은 결과가 나오는 것을 당연하게 받아들여야 한다.

문제는 의도치 않은 결과를 얼마나 제어할 수 있느냐 하는 것이다. 혹은 의도치 않은 결과를 얼마나 잘 활용하느냐가 관건이 될 수 있다. 의도치 않은 결과를 잘 골라서 취하면 오히려 좋은 결과를 낳을 수도 있다. 그러므로 우연한 기회나 부작용을 적절히 활용하는 것이 중요하다.

사례를 조사해보면, 벤처 기업의 경우 무조건 처음 의도대로 나아가기보다 의도치 않은 결과를 적절히 활용하는 사람이 성공한다. 반드시 그렇다고는 할 수 없지만, 처음 계획한 대로 우직하게 밀고 나가는 것만이 정답은 아니다.

### ▪ 인과 연쇄의 그물망 구조 ▪

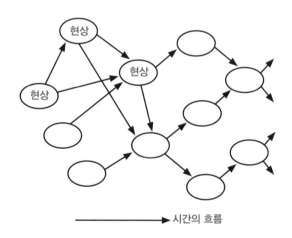

■ 명제 20 ■

# '혹시 이것이 없었다면?' 하고 생각한다

그물망 구조론이 주장하는 바와 같이, 대부분의 사회현상은 한 가지 원인만으로 이유를 설명하기 어렵다. 하지만 인과 연쇄의 그물망 속에는 인과관계가 두드러진 부분이 존재한다. 그런 요인을 찾아내는 것이 인과관계 분석의 핵심이다. 이론화나 모델화에서 빼놓을 수 없는 과정이다.

그렇다면 어떻게 원인성이 높은 요인을 찾아낼까? 그 기본적인 방법으로 사고실험을 들 수 있다. 원인이 될 수 있는 요소를 여러 개 찾아내 '만약 이 요소가 없었어도 그러한 현상이 발생했을까?' 하고 생각해본다. '이 요소가 없었다면 절대 발생하지 않았을 것'이라고 생각되는 중요한 요인이 있다면, 원인성이 높다고 볼 수 있다.

철학의 세계에서는 이러한 방법을 '반사실적 조건법'이라고 한다. '실제와 다른 상황을 가정했을 때 얼마나 그럴듯하게 상상할 수 있는가'와 같은 사고실험을 통해 원인이 되는 요소를 찾아나갈 수 있다.

물론 그 요인이 없을 때 정말로 그 현상이 일어나지 않을지 확인할 방법은 없다. 그 요인이 정말로 불가결한 요소였는지 또한 알 수 없다. 사회현상에 이러한 성질이 있다는 것은 앞서 설명한 바와 같다.

그래도 그 요인이 영향을 미쳤다는 것은 어느 정도 추측할 수 있다. 사회과학 분야의 이론화, 모델화 과정에서는 반사실적 조건법에 의한 사고실험이 필수다.

# 아리스토텔레스의 4원인론

인과관계에 관한 연구는 철학 분야에서 오랜 역사를 지니고 있다. 아리스토텔레스는 원인이라는 개념을 형상인形相因, 질료인質料因, 목적인目的因, 작용인作用因으로 분류했다. 이것이 그 유명한 '4원인론'이다.

아리스토텔레스는 사회현상보다는 물체의 형성에 관해 주로 설명했기 때문에 우리가 생각하는 '원인'과는 다르지만 그의 설명이 어떤 것이었는지 소개한다.

형상인이란 정의定義다. "이것은 왜 삼각형인가?" "세 개의 직선으로 둘러싸인 도형이기 때문이다." 형상인은 설계도를 의미한다고 볼 수도 있다.

질료인은 재료다. "컵을 떨어뜨리면 왜 깨지는가?" "유리로 만들어졌기 때문이다."

목적인은 목적을 제시함으로써 '왜'라는 물음에 답한다. "당신은 왜 수영을 하는가?" "체중을 감량하고 싶기 때문이다."

작용인은 계기다. "당신은 왜 화가 났는가?" "모욕을 당했기 때문이다."

아리스토텔레스는 설계도에 해당하는 형상인과 재료에 해당하는 질료인이 있어도 목적인과 작용인이 없는 한 아무것도 일어나지 않는다고 생각했다. 무언가가 실현되기 위해서는 목적인과 작용인이 필요하다는 뜻이다.

예를 들어 사업을 성공시키려면 비즈니스 모델이 있어야 한다. 이것이 형상인이다. 그리고 자금과 인재가 필요하다. 이것이 질료인이다.

하지만 비즈니스를 수행하는 목적이 없으면 아무것도 시작되지 않는다. 손님을 기쁘게 하고 싶어서일 수도, 돈을 벌고 싶어서일 수도 있다. 이것이 목적인이다.

그리고 실행에 옮기기 위해서는 계기가 필요하다. 상사와 트러블이 있어서 독립하기로 했다는 것도 계기가 될 수 있다. 이것이 작용인이다.

## ▪ 아리스토텔레스의 네 가지 '원인' ▪

**형상인**

**'왜'라는 물음에 대답할 때 그 대상의 정의를 내세우는 경우**

예: "이것은 왜 삼각형인가?" "세 개의 직선으로 둘러싸인 도형이기 때문이다."

**질료인**

**재료를 원인으로 제시하는 경우**

예: "컵을 떨어뜨리면 왜 깨지는가?" "유리로 만들어졌기 때문이다."

**목적인**

**목적을 제시함으로써 '왜'라는 물음에 답하는 경우**

예: "당신은 왜 수영을 하는가?" "체중을 감량하고 싶기 때문이다."

**작용인**

**계기를 원인으로 드는 경우**

예: "당신은 왜 화가 났는가?" "모욕을 당했기 때문이다."

# 인과관계 분석은 자의적이다

인과 연쇄의 분석에서는 '자의성'을 배제할 수 없다. 같은 상황을 접한다고 해서 모두가 똑같은 인과 연쇄도를 그리지는 않는다. 주목하는 점은 사람마다 천차만별이다.

인과관계 분석의 자의성은 크게 두 가지로 나눌 수 있다. 하나는 '묶는 방법'에 관한 자의성이고, 또 하나는 '경계'에 관한 자의성이다.

묶는 방법의 자의성이란 어떤 추상도로 현상을 받아들이느냐에 따라 묶는 기준이 달라지는 것을 말한다.

'개념화의 자의성' 그림을 보면, 왼쪽 윗부분을 하나로 묶을 수도 있고 둘로 나눌 수도 있다. 어느 쪽이 옳다고도, 어느 쪽이 틀리다고도 할 수 없다. 인과 연쇄도는 추상도를 낮춰 구체적이고 상세하게 그릴 수도 있고, 반대로 추상도를 높여서 그릴 수도 있다. 요인을 묶는 방법은 자의적이다.

아무리 세세한 기준으로 요인을 나눠도 현상 그 자체에는 도달할 수 없다. 언어란 본질적으로 추상성을 지니고 있어서, 현실 그 자체

## ▪ 개념화의 자의성 ▪

### '묶음'과 '나눔'의 자의성

**무엇과 무엇을 묶을 것인가? 무엇을 어떻게 나눌 것인가?**

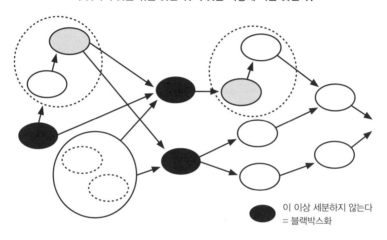

이 이상 세분하지 않는다
= 블랙박스화

### 경계의 자의성

**어느 범위까지 고려할 것인가?**

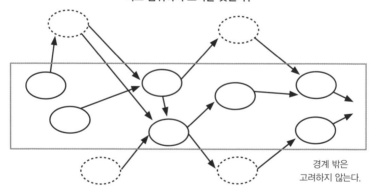

경계 밖은
고려하지 않는다.

를 표현하는 듯 보여도 더 상세하게 표현할 여지가 남아 있다. 과일은 사과, 귤 등으로 나뉘고 사과는 후지, 홍옥 등으로 한 번 더 나눌 수 있다.

또 하나의 자의성은 경계의 설정이다. 세계는 끝없이 이어져 있기 때문에 일본에 관해 분석하려고 해도 중국이나 인도 이야기로 빠질 수 있다. 그것을 어디까지 넓히고 어디까지 좁힐지는 분석하는 사람이 자의적으로 결정한다. '개념화의 자의성' 그림으로 설명하자면, 선으로 둘러싸인 틀 안에 들어가는 요소만 다루기로 정할 수도 있고, 틀 밖에 있는 요소까지 포함할 수도 있다. 경계를 정하지 않으면 분석의 범위가 한없이 넓어진다.

제 5 장

모델화

이론은
어떻게
만들어지는가
?

■ 명제 22 ■

# 모든 현상은 일회성과 반복성을 지닌다

인과 연쇄는 그물망처럼 서로 얽혀 있으며, 인과 연쇄를 구성하는 요인은 얼마든지 세분할 수 있다. 이런 점에서 모든 현상은 '일회성'을 지닌다. 즉, 이전에 있었던 일과 비슷한 일이 발생하더라도, 결과에 이르는 인과 연쇄에는 반드시 다른 부분이 존재한다.

한편, 이론은 '반복성'을 요구한다. 이론을 제창할 때는 반복성을 찾아내는 과정이 반드시 필요하다. 여기서 '모든 현상이 일회성을 가지는데 어떻게 이론화가 가능한가?'라는 문제에 직면한다.

이론화가 가능한 이유는 인과관계의 공통된 부분만 보기 때문이다. 아무리 같은 패턴이 반복되는 것처럼 보여도, 요인을 세밀하게 분류해보면 1회에 한정된 특수한 부분을 발견할 수 있다. 그 특수성에 착안해 일회적 요인이 어떤 식으로 영향을 미치는지 조사해보면 "적어도 이 부분은 특수하다"라고 말할 수 있다.

반대로, 특수한 요인을 신경 쓰지 않고 추상적인 기준으로 요인을 분류해 인과 연쇄의 특정 부분에 주목하면 '반복성'을 찾아낼 수 있다.

'필승 패턴'이라는 말을 종종 듣는데, 이 필승 패턴이 재현되는 과정에는 '패턴에서 벗어난 사건'이 반드시 포함되어 있다. 즉, 현실은 어떤 경우에도 단 한 번뿐이다. '필승 패턴'이라는 말에서 알 수 있듯이, 그런데도 한 번에 그치지 않고 반복되는 인과 연쇄를 발견하는 것 또한 가능하다.

다시 말해, '일회성'과 '반복성'은 양립한다. 추상도를 낮추면 모든 현상이 단 한 번으로 그치지만 추상도를 높이면 어떤 현상이라도 반복성을 주장할 수 있다. 따라서 사회과학 이론이 성립하는 것이다.

물론 현실은 오직 한 번뿐이며 늘 특수 요인이 존재한다. 그러므로 추상화를 거친 시점에서 현실에 있는 특수 요인이 제거된 셈이다. 결국 이론은 현실 그 자체가 아니라는 뜻이다.

### ▪ '일회성'과 '반복성' ▪

···▸ 현실의 모든 사건은 1회에 한정된 특수성을 지닌다.

···▸ 이론은 '반복성'을 요구한다.

···▸ 분류 기준의 추상도를 높여 인과 연쇄의 특정 부분에 주목하면 '반복성'을 발견할 수 있다.

···▸ 즉, '일회성'과 '반복성'은 양립한다.

그런 점에서 볼 때, 이론과 딱 맞아떨어지지 않는 현상이 발생하는 것은 당연하다. 이론은 추상성이라는 성질을 갖기 때문에 이론대로 실행해도 좋은 결과를 얻지 못하는 경우가 생길 수밖에 없다. 이론을 공부한다고 해서 자동으로 답이 나오지는 않는다. 그래도 '반복성'을 찾아내 이론화하면 분명히 어딘가에 도움이 된다. 이것이 이론의 속성이다.

사회과학의 이론 역시 그러한 성질을 지니므로 100퍼센트 성립하는 법칙, 100퍼센트 성립하는 공통 모델은 존재할 수 없다. "특정 환경에서 이런 현상이 많이 나타난다"와 같은 주장만 가능할 뿐이다.

예를 들어 시장 점유율이 높으면 이익률도 높다는 주장은 현재까지 널리 받아들여지고 있다. 즉, 시장 점유율과 이익률은 강한 상관관계가 있다. 하지만 시장 점유율이 낮은데 이익률이 높은 회사도 분명히 존재한다. 이는 다른 요인이 작용했기 때문이다. 즉, 시장 점유율을 높이는 편이 좋다는 발상도 필요하지만, 동시에 시장 점유율이 낮아도 이익률을 높이는 방법이 존재한다는 인식도 필요하다는 뜻이다.

그러므로 어떤 의사 결정을 할 때는 이론이나 공통 모델을 따를지, 과감히 다른 길을 선택할지 판단하는 것이 중요하다(제8장 참조). 이러한 판단을 돕는 것이 이론의 역할이다.

# 공통 부분에 주목해 인과관계를 찾아낸다

반복성에 관해 조금 더 생각해보자. 한 회사 내에서도 같은 패턴으로 사업을 되풀이하는 것처럼 보이지만 실제로는 반복하지 않는다. 89쪽 상단 '한 기업 내에서의 인과관계 반복' 그림에서 $X_0$와 $Y_1$처럼 다른 요인이 인과 연쇄에 포함되어 있다. 인과 연쇄의 추상도를 점점 낮추면 반드시 다른 요인이 나타난다.

하지만 공통된 부분에 주목하면 반복되는 구조로 추상화할 수 있다. 예를 들어 $A_0$, $B_0$, $C_0$와 $A_1$, $B_1$, $C_1$은 같은 과정의 반복으로 간주할 수 있다. 이러한 패턴이 발견되면 동일한 방식을 반복한다고 주장할 수 있다.

그렇다면 서로 다른 두 기업의 인과관계를 비교해 공통점을 찾아내는 방법을 알아보자.

A와 B라는 두 회사가 있을 때, 각 회사 내의 인과관계를 구성하는 요인은 반드시 차이가 있다.

인과 연쇄의 그물망 구조를 상세히 그려보면, 두 회사에 차이점이 있다는 사실을 알게 된다. 하지만 개념 설정을 추상화하면 공통 요

## ▪ 한 기업 내에서의 인과관계 반복 ▪

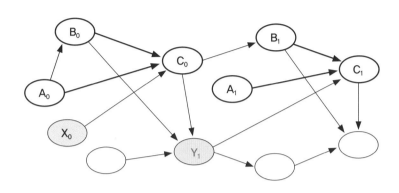

## ▪ 서로 다른 두 기업의 인과관계의 공통성 ▪

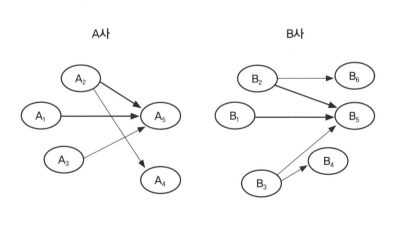

인을 추출할 수도 있다. 89쪽 하단 '서로 다른 두 기업의 인과관계의 공통성' 그림에서 A사 쪽에 있는 $A_1, A_2, A_3$의 관계는 B사 쪽에 있는 $B_1, B_2, B_3$의 관계와 동일하다고 볼 수 있다.

하지만 이것은 추상화한 개념으로 파악한 인과관계가 부분적으로 겹친 것에 지나지 않으며, 실제로는 일치하지 않는 부분이 반드시 존재한다. 즉, 공통된 사건만 추려서 이론화해도 서로 다른 부분이 결과에 영향을 미친다. 따라서 늘 예외가 발생하는 것이다.

■ 명제 24 ■

# '부재 요인'을 첨가해서 모델화한다

명제 23에서 설명한 바와 같이, 인과관계의 반복성을 찾아내 공통 모델을 만들 때는 보통 일치하는 부분을 찾는다. 즉, A사와 B사가 있을 때, 양쪽에 공통으로 존재하는 요인을 뽑아 모델화하는 것이 일반적인 방법이다.

그런데 어느 한쪽에 존재하지 않는 요인을 요인화할 수도 있다. 이를 '부재 요인'이라고 한다. 양쪽 모두 가지고 있는 요인만으로 모델화하는 것이 아니라 부재 요인을 첨가해서 모델을 만든다. 공통 부분도 모델에 포함시키는 것이다.

이것이 바로 사회과학의 흥미로운 점이다. 훌륭한 사회과학 이론은 사실 공통되지 않는 요소를 고의적으로 모델에 집어넣음으로써 완성된다. 사회과학에서는 기본적으로 각각의 인과 연쇄에서 특수한 요인을 버림으로써 공통 모델을 만든다. 그렇지만 이와 동시에, 존재하지 않는 요인을 추가해 공통 모델을 만드는 방법도 있다. A사와 B사를 비교해서 공통 모델을 만들 때, B사에는 있지만 A사에는 없는 요소도 있고, 반대로 A사에는 있지만 B사에는 없는 요소도 있다.

### ▪ 부재 요인을 첨가한 공통성의 창출 ▪

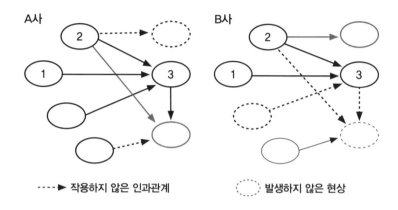

A사

B사

- - - - ▶ 작용하지 않은 인과관계　　　⟨⋯⟩ 발생하지 않은 현상

### ▪ 공통성을 창출하는 방법 ▪

**공통의 개념**(요인의 분류 기준)**을 설정한 다음 ① 또는 ②를 시행한다.**

① **'남김'에 의한 공통성 창출**

⋯▸ 개별 현상을 '공통적인 현상'으로 분류(개념 설정)한다.

⋯▸ 잠재적인 현상(발생하지 않은 요인)을 더한다.

⋯▸ 각 사례에 속하는 '요인과 인과관계'를 공통 모델의 '일부'로 포함시킨다.

② **'버림'에 의한 공통성 창출**

⋯▸ 개별 현상을 '공통적인 현상'으로 분류(개념 설정)한다.

⋯▸ 각 사례에서 특수한 현상 및 인과관계가 공통되지 않는 부분은 제거한다.

⋯▸ 각 사례에서 공통된 '요인과 인과관계(추상물)'만 가려낸다.

어떤 회사에는 존재하지만 그 밖의 다른 회사에는 존재하지 않는 요인이 있다. 그런 요인 중에서 흥미롭고 유의미한 부재 요인을 골라 그 영향력이 강한지 검증한다. 그렇게 하면 '이 요인이 있기 때문에 이 회사는 강하다' '그 요인이 없어서 이 회사는 뒤처진다'와 같은 사실을 알 수 있다.

부재 요인을 첨가하는 것은 데이터를 모아서 통계적으로 모델을 검증할 때 빼놓을 수 없는 작업이다(제6장 참조).

# 현상을 개념화해서 이론을 만든다

이론은 현실을 그대로 기술하지 않는다. 현상 그 자체를 비교해서가 아니라, 현상에 관해 추상적인 개념을 설정해서 반복성을 논한다.

그렇기 때문에 주의가 필요하다. "동일한 현상이 발생했다"라고 말할 때, 이러한 판단은 특정한 개념을 사용해서 인식한 현상을 기준으로 한 것이다. 일본 기업의 '연공서열'에 관한 분석(96쪽 칼럼 참조) 등이 그 예다.

공통성을 찾아낼 때는 반드시 버려지는 부분이 생긴다. 무언가를 버리지 않는 한 공통성을 찾아낼 수 없다. 개념을 설정해서 공통된 인과관계는 취하고 특수한 부분은 버리는 것이 바로 이론화다. 하지만 현상 그 자체를 분류하는 것이 아니라 설정된 개념에 의해 자의적으로 현상을 분류하는 것에 불과하므로, 개념 설정을 어떻게 하느냐가 중요하다.

개념화란 특정한 속성에 착안하는 것이다. 따라서 주목하는 속성에 따라 두 가지 현상을 같다고 볼 수도 있고 다르다고 볼 수도 있다. 즉, 개념화를 통해 파악하는 두 현상은 같은 것인 동시에 다른 것도 될 수 있다는 사실을 알아야 한다.

"이 둘은 똑같다"라는 주장에 "그 둘은 수준이 다르다"라고 반론하며 말다툼하는 경우, 사실은 착안한 부분이 다를 뿐이다.

이것이 '미운 오리 새끼의 정리'의 본질이다.

▪ 두 가지 현상은 같은 동시에 다르기도 하다 ▪

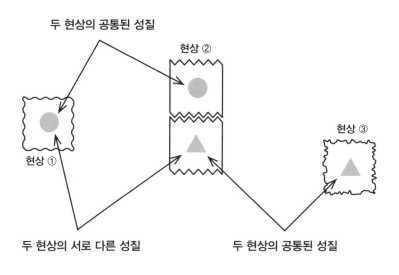

# 개념화의 예: 연공서열

현상을 개념화하는 대표적인 예로 '연공서열'을 생각해보자.

일본 기업은 오랜 세월에 걸쳐 연공서열에 의한 인사를 실시해왔다. 연공서열을 고수해온 데는 분명히 이유가 있을 것이다. 기업에 악영향을 미치는 방식이라면 수많은 회사가 그것을 유지할 리 없으므로, 연공서열에는 조직 운영에 플러스되는 무언가가 있다고 추측해볼 수 있다.

1980년대에는 이를 증명하는 연구도 실시되었다. '연공서열'과 '기업의 실적' 사이에 인과관계가 있다는 사실이 입증된 것이다.

그렇다면 연공서열이란 무엇일까? 어떻게 정의하면 연공서열과 실적 간의 인과관계를 주장할 수 있을까? 먼저 평범한 회사원이 연공서열이라는 말을 사용할 때 어떤 의미를 담고 있는지 알아보자.

**"연령이 높을수록 직급이 높아진다."**
**"연령이 높을수록 급료가 올라간다."**
**"연령이 높을수록 권한과 책임의 범위가 넓어진다."**

이처럼 다양한 내포적 정의를 떠올릴 수 있다. 같은 '연공서열'이라도 그 내용은 기업마다 조금씩 다를 것이다. 그래도 '연공서열'이라는 말을 사용하면 서로 다른 회사에 근무하는 사람 사이에도 대화가 성립하며, "우리 회사는 연공서열 체제라서 젊은 사원에게 활약할 기회가 주어지지 않는다"라는 푸념에 공감하기도 한다. 제2장에서 설명한 비트겐슈타인의 '언어 놀이 이론'이 주장하는 바와 같이 일상 대화에서는 가족적 연결에 의해 개념이 공유된다.

하지만 연공서열과 조직의 실적 사이에 인과관계가 있다는 것을 검증하려면 다수의 표본을 수집해서 분석해야 한다. 따라서 기준이 명확하고 예외가 적게 발생하는 정의가 필요하다.

경영학에서 사용하는 연공서열의 정의로 'X년도에 입사한 사원 중 최고 승진자의 직급이 (X−1)년도 최고 승진자의 직급을 상회하지 않는 인사 제도'라는 것이 있다. 예를 들어 2000년도에 입사한 사원 중 가장 빨리 승진한 사람이 계장이 되었을 때, 전년도인 1999년에 입사한 사원 중 가장 직급이 높은 사람은 반드시 계장 이상이다. 즉, 각 연차의 최고 승진자는 그보다 높은 연차의 최고 승진자를 뛰어넘지 않는다는 것이다. 연공서열을 이렇게 정의하면 예외가 거의 없다. 연공서열을 유지해온 수많은 일본 기업의 실태를 포괄할 수 있다.

만일 '연령이 높을수록 직급이 높아지는 인사제도'라고 정의한다면 예외가 늘어날 것이다. 실제 조직 내에서는 연령이 높아져도 직급이 오르지 않는 경우가 허다하기 때문이다. 따라서 공통된 현상으로 보기 어려워진다.

연공서열을 가장 충실하게 지켜온 곳은 관청으로, 중앙관청에서 일하는 국가공무원이 대표적이다. 혹은 전전戰前에 창립되어 지금까지 이어져온 대기업을 꼽을 수 있다. 규모가 작은 회사에서는 연공서열이 두드러지게 나타나지 않는다. 그 이유는 연공서열이 대졸 신입사원을 일괄적으로 채용하는 환경에서만 합리성을 발휘하기 때문이다.

이런 체제에서는 나이가 비슷한 사람들을 한꺼번에 대량으로 입사시켜 경쟁시킨다. 즉, 비슷한 능력을 지닌 사람들을 경쟁시키는 것이다. 이때 연공서열을 무시하고 나중에 입사한 사람이 연장자를 뛰어넘어 출세한다면 입사 동기 간의 경쟁이 무의미해진다. 그러므로 해당 연차의 선두가 전 연차의 선두를 넘어서지 않게 해서 동기끼리 경쟁의식을 갖도록 하는 것이다.

이와 같은 연공서열의 정의는 '구성 개념'으로서의 인공적인 정의다.

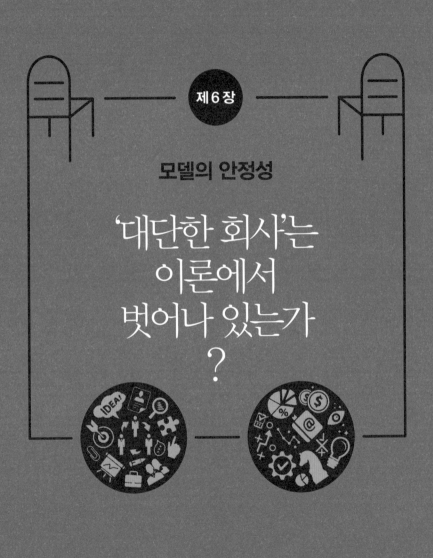

제 6 장

모델의 안정성

'대단한 회사'는
이론에서
벗어나 있는가
?

# 실증 연구에는 한계가 있다

반복성에 주목해 현상을 모델화할 수 있으면 인과관계의 통계적 분석도 가능하다.

일회적인 인과관계에는 통계적 분석을 사용할 수 없지만, 반복되는 인과관계를 대상으로 분석에 필요한 표본을 충분히 모으면 모델을 실증할 수 있다. 원인과 결과를 나타내는 변수를 측정함으로써 인과관계가 존재하는지 검증하는 것이다. 여기서는 인과 연쇄와 통계적 분석의 관계를 생각해보려고 한다.

통계적 분석을 위해서는 수치화가 필요하다. 따라서 모델을 구성하는 개념을 측정 가능한 변수(수치 데이터)로 변환한다. 추상적인 개념은 측정이 불가능하므로 개념을 대신할 만한 데이터를 사용해 인과관계가 있는지 조사하는 것이다.

그런데 개념을 변수로 완전히 대체하기에는 어려움이 있다. 성장성같이 수치화하기 쉬운 개념도 있고 매출이익률처럼 변수 그 자체가 개념이 되는 경우도 있지만, 경영학 모델은 대부분 수치화하기 힘든 개념으로 구성되어 있다.

# ▪ 이론의 구성 요소 ▪

**경계=가치, 시간, 지리적 범위에 관한 상정**

출처: Samuel B. Bacharach(1998). Organizational Theories: Some Criteria for Evaluation.
The Academy of Management Review, 14(4), 496-515.

예를 들어 '경쟁우위'라는 개념을 수치화하는 방법은 논하는 사람에 따라 상당히 다르다. 이러한 부분에서 통계적인 실증 연구의 한계가 드러난다.

또 통계적 분석에서는 데이터가 정규 분포를 따른다고 상정하는 경우가 많다. 정규 분포를 따르지 않을 때의 유의성을 따지는 통계수법도 있지만 대체로 정규 분포가 된다고 가정한다. 하지만 세상의 모든 현상이 정규 분포를 이루지는 않는다.

예를 들어 정규 분포를 이룬다고 해도 통계적 분석에는 원리적으로 한계가 있어 계산식에서 벗어나는 표본이 반드시 존재한다. 그것을 '이상치' 또는 '아웃라이어Outlier'라고 한다.

인과 연쇄의 메커니즘을 이해하면 이상치의 존재가 당연하다는 것을 알 수 있다. 제4장과 제5장에서 설명했듯이 현상을 모델화하는 과정에서 버려지는 요인이 있기 때문에 이상치가 나오는 것이다. 현실의 인과 연쇄에는 '버려진 요인'이 영향을 미친다. 게다가 '버려진 요인'은 한두 가지가 아니므로 데이터가 이탈하는 방향 또한 제각각이다.

104쪽 '변수 간의 관계' 그림처럼 두 개의 설명변수 A, B와 목적변수의 인과관계를 묶은 모델을 만들었다고 해도, 실제 인과 연쇄는 이렇게 간단한 구조로 되어 있지 않다.

이런 한계를 인지한 채 인과 연쇄를 추상화해 공통된 요인만 추려낸 다음 데이터화해서 비교하는 것이 실증주의에 의한 통계적 분석

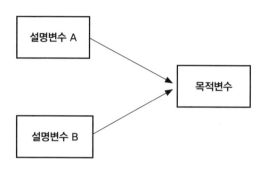

이다.

이 방식을 사용하면 단 하나뿐인 예외 사례는 반드시 버려진다. 100개의 회사 중 10군데에서 나타나는 요인이라면 분류해서 추상화할 수도 있지만, 100개의 회사 중 1군데에만 존재하는 독특한 요인은 의미를 지닐 수 없다.

분류를 세밀하게 하면 독특한 요인이 채택될 가능성도 있으나, 실증주의 모델은 공통성에 중점을 두고 만드는 것이 기본이므로 본질적으로 유별난 사례를 배제하려는 경향이 있다. 즉, 통계적 분석으로는 "평균을 내면 대체로 그렇다" "일반적으로 그렇다"라고 말할 수 있을 뿐이다.

결국 진짜 혁신적인 성공 사례는 실증적 분석에서 배제되기 쉽다. 평균적인 성공을 실현하려면 실증된 이론을 따라도 가능할지 모르지만, 세계를 놀라게 할 만한 혁신적인 성공을 실현하기 위해서는 다른 발상이 필요하다.

# 통계적 모델은 몇 가지 기법을 구사한다

통계적 분석에서는 다소 복잡한 모델을 만들기도 한다. 설명변수(원인)와 목적변수(결과) 사이에 '매개변수mediation'를 집어넣는 것이다. 실제로 움직일 수 있는 변수와 목적변수를 직접 묶기 어려울 때는 그 사이에 다른 변수를 넣어 인과관계를 분석할 수 있다.

앞서 말한 '부재 요인'을 넣어 모델을 만들기도 한다. 통계학에서 부재 요인을 첨가하는 것은 매우 간단하다. '0'과 '1'이라는 변수를 사용해 부재는 '0', 존재는 '1'로 설정해 모델화하면 된다.

인과관계를 잘 설명하기 위한 조정 역으로 특정 변수를 집어넣는 경우도 있다. 예를 들어 해외 직무 실적을 분석할 때 설명변수로서 업무 관리 능력과 리더십 능력을 사용할 경우, 업무 관리 능력과 리더십 능력이 비슷한데도 부임지에서의 직위나 파견 목적 등에 따라 직무 실적에서 차이가 날 수 있다. 해당 사원을 '육성하기 위해' 파견 했느냐, '사업 운영을 맡기기 위해' 파견했느냐에 따라 결과가 달라진다. 이러한 요인이 미치는 영향을 반영하기 위해 넣는 변수를 '조정변수moderation'라고 한다.

## ▪ 통계적 분석에 의한 모델화 기법 ▪

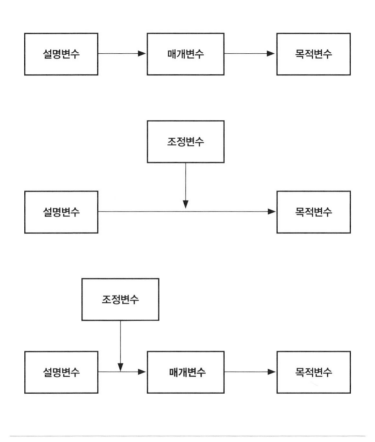

# 사회과학의 모델은 계속 변화한다

통계적 분석을 위해 만들어진 모델은 인과관계를 목적변수와 설명
변수의 관계로 추상화한다. 이 단계에서 '자의성'이 상당히 포함된
다. 그리고 항상 추상화된 요인 이외의 요인이 존재한다. 제4장에서
설명한 바와 같이 사회현상의 원인은 부분성을 지니기 때문이다. 그
러므로 아무리 치밀하게 모델을 구성해도 반드시 이상치가 나온다.
이상치가 존재하지 않는 모델이란 있을 수 없다.

또 현재 성립하는 모델이라도 언젠가 변화한다. 인과 연쇄의 메
커니즘에 따르면 경제나 기술의 발전에 따라 특정 요인이 무의미
해지기도 하고 새로운 요인이 추가되기도 하기 때문이다. 즉, 사회
과학에는 자연과학의 법칙처럼 언제 어디서나 안정적으로 성립하
는 모델이 존재하지 않는다. 제4장에서 설명한 것처럼 'A가 있으면
B가 발생한다'라는 인과관계에서 A의 불가결성을 상정할 수 없다.
B를 발생시키는 요인은 변화한다. 이는 곧 원인의 대체성이 항상 존
재한다는 뜻이다.

따라서 사회과학의 명제는 그 현상이 속하는 시대와 사회를 배경

으로 성립하는 것에 불과하다. 줄곧 안정적으로 성립할 수는 없다. 그러므로 사회과학에서는 모델이 안정성을 지니지 못한다. 즉, "이런 이론이 증명되었다"라는 말은 별로 믿을 만하지 못하다.

96쪽 연공서열에 관한 칼럼에서 소개했듯이, 1980년대 일본에서는 연공서열이 조직의 실적 향상에 도움이 된다는 실증적인 연구 결과가 다수 발표되었다. 연공서열이 합리적 성과를 불러온다는 사실이 통계적으로 검증되어 있었다. 그러나 현재도 여전히 연공서열이 기업의 실적 향상으로 이어지고 있느냐 하면, 꼭 그렇지만은 않다. 사회적 요인이 변화함에 따라 인과관계를 설명하는 모델이 성립하지 않는 것은 당연하다.

한편, 사회적 요인의 변화를 받아들여 새로운 모델이나 프레임워크가 등장하기도 한다. 최근에는 IT를 중심으로 한 기술 진보 및 경영의 글로벌화에 발맞춰 새로운 개념이 등장하고 있다. 그러한 예로 사물인터넷IoT이나 셰어링Sharing이라는 개념이 관심을 모으고 있다.

경영학이란 늘 사회의 변화와 함께 발전하는 학문이다.

제 7 장

의도와 결과

왜
'이론대로' 진행되지
않는가
?

# 행위에는 '자기원인성'이 있다

인과 연쇄를 과거와 미래로 나눠보자.

과거는 이미 일어난 일이므로 불확실하지 않다. 인과 연쇄를 100퍼센트 따라가기란 불가능하기 때문에 완전히 파악할 수는 없지만, 발생 현상은 확정되어 있다.

반면 미래는 불확실하다. 무슨 일이 일어날지 알 수 없다. 미래의 인과 연쇄에는 현재 자신이 실행하려는 행위가 영향을 미친다. 다시 말해 자기 자신이 원인이 되는 것이다. 어떤 행위를 하거나 하지 않겠다고 결정하면 그것이 원인이 되어 또 무언가가 발생한다. 이를 '행위의 자기원인성'이라고 한다. 현시점의 선택에 의해 인과 연쇄의 어느 부분이 작동할지 결정되는 것이다.

즉, 114쪽 '행위를 기점으로 변화하는 인과 연쇄' 그림처럼 연쇄가 일어날 때, 현시점의 행위가 무엇이냐에 따라 첫 번째 인과 연쇄를 따를지, 두 번째 인과 연쇄를 따를지가 정해진다.

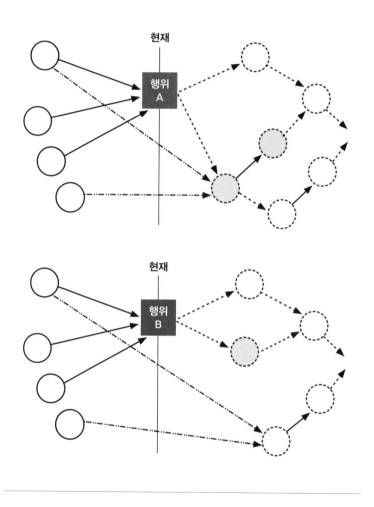

■ 명제 30 ■

# 행위에는 '의도치 않은 결과'가 따른다

행위에는 반드시 목적이 있다. 이는 곧 '의도'가 존재한다는 뜻이다. 사람은 기대하는 결과를 실현하기 위해 행위를 한다. 과거의 환경, 인과 연쇄를 해석해 미래를 향해 어떤 의도를 가지고 행동하는 것이다.

그런데 모든 일에는 '의도치 않은 결과'가 따른다. 의도와 다른 결과가 나오는 것은 드문 일이 아니다. 이러한 결과를 '부작용'이라 부르기도 하고 '뜻밖의 행운'이라 부르기도 한다. 의도치 않은 결과가 꼭 나쁘다고 단정할 수는 없지만, 행위의 본래 목적과는 다르다.

어떤 행위로 인해 발생한 '의도치 않은 결과'를 인식함에 따라 다음 행위가 바뀌기도 한다. 의도와 다른 결과가 발생했다는 사실을 알고 생각을 바꾸는 것이다.

의도치 않은 결과가 나타난 데는 타인의 행동이 영향을 끼쳤을 수도 있다. 세상은 나 혼자만으로 성립하지 않는다. 특히 시장 경쟁은 경쟁자, 손님, 거래처가 있어야만 성립한다. 그렇기 때문에 의도치 않은 결과를 예측할 때 자신의 행위만 고려하는 것은 옳지 않다. 세상에는 '자신'과 '환경'뿐만 아니라 '타인'도 존재하며, 타인 역시 그

나름대로 의도를 가지고 있다. 그러므로 타인의 행위가 인과 연쇄에 어떤 영향을 미치는지 '읽어낼' 필요가 있다.

타인도 마찬가지로 이쪽의 행위를 읽어내려고 한다. 서로 상대방의 행동을 읽는 것이다. 세계는 자신의 행위와 타인의 행위가 불러온 결과의 합성으로 움직이고 있다.

▪ 의도치 않은 결과 ▪

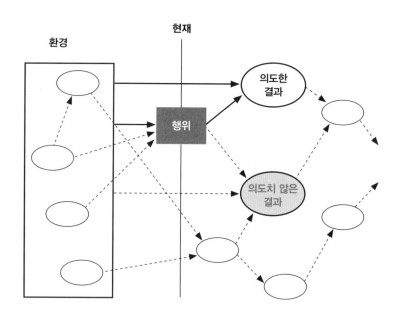

나는 **타인의 행위**(의도: 설계도)**를 읽는다.**

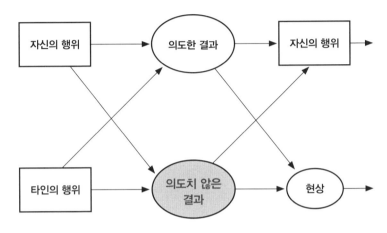

**타인은 내 행위**(의도: 설계도)**를 읽는다.**

# 선택은 '어림짐작'에 의해 이루어진다

지금까지 설명한 바와 같이 인과 연쇄를 완전히 파악하기란 원리적으로 불가능하다. 현상이 이미 확정되어 있는 과거의 인과 연쇄조차 개념 설정의 자의성에 의해 인식되지 못하는 요인이 존재하기 때문에 인과관계를 완벽하게 파악할 수 없다.

미래의 일에서는 자기 자신의 행위가 어떤 결과를 불러일으킬지 알 수 없다. 게다가 타인의 행위까지 영향을 미친다. 모든 것이 불확실해 무슨 일이 벌어질지 모른다.

하지만 잘 모르는 와중에도 우리는 어떤 행동을 해야만 한다. 세상은 늘 선택을 요구하기 때문이다. 단, 여기서는 아무것도 선택하지 않는 경우도 하나의 선택으로 본다. 즉, 사람은 언제나 무언가를 선택한다. 무슨 일이 일어날지 모르는 상황에서도 그 안에 스스로 뛰어든다.

철학에서는 이를 '행위의 기투성企投性'이라고 한다. 행위자는 자신이 놓인 환경을 인식하고, 그것을 반영해 목표를 설정한다. 그 목표를 달성하기 위해 행위의 지침을 세우고 스스로를 상황에 던져 넣는다. 이것이 바로 기투다. 간단히 말하면 무엇이든 알고 있다는 듯이 자신만만하게 행동하는 사람이라도, 원리적으로는 아무것도 모른다는 뜻이다. 모든 것을 아는 체할 필요는 없다.

# '의도치 않은 결과'엔 여섯 가지 유형이 있다

미래의 인과관계를 넘겨짚는 것은 소용없지만, 자신의 행위가 의도한 결과로 이어지지 않았을 때 그 결과를 해석하는 것은 무척 중요하다. 해석한 내용을 바탕으로 자신의 다음 행위를 재검토할 수 있기 때문이다.

'의도치 않은 결과'는 몇 가지 유형으로 나눌 수 있는데, 여기서는 여섯 가지 유형으로 분류하려고 한다.

첫째, 목표한 대로 결과가 나와 의도에서 벗어난 부분이 없는 이상적인 유형이다. 그러나 인과 연쇄의 그물망을 촘촘하게 만들면 반드시 의도치 않은 결과를 발견할 수 있기 때문에 이러한 사례는 이론적으로 존재하지 않는다. 다만 결과가 의도를 심각하게 벗어나지 않으며 영향력이 큰 원인을 명확히 알 수 있는 경우, 의도한 결과가 나왔다고 간주할 수 있다.

둘째, 의도한 결과의 일부만 실현되는 유형이다. 상품의 차별화를 통한 흑자 전환을 목표로 세웠는데 차별화에만 성공하고 흑자는 달성하지 못한 상황을 예로 들 수 있다. 즉, '미달' 상태를 말한다.

셋째, 의도한 결과와 의도치 않은 결과가 함께 발생하는 유형이다. 어떤 행위든 의도치 않은 결과가 발생할 수 있지만, 정도의 차이가 있기 때문에 때로는 무시할 수도 있다. 하지만 이 유형은 무시할 수 없는 결과가 나온 상황이다. 영향력이 강한 결과가 나타난 것이다. 이를테면 정보 누설을 막기 위해 보안 관리를 철저히 했을 때, 의도대로 정보 누설은 사라졌지만 업무의 생산성이 저하되는 경우가 있다.

넷째, 의도한 결과가 나왔지만 상정한 것과 다른 메커니즘이 작용한 유형이다. 예를 들어 차별화에 의해 상품을 히트시키려고 했는데, 탤런트가 우연히 사용한 것이 화제가 되어 상품이 잘 팔릴 수도 있다. 전혀 예상하지 못한 인과관계가 작용한 것이다. 이를 무시한 채 자신들이 상정한 인과관계가 작용했다고 생각한다면 그것은 큰 착각이다. 정확한 메커니즘을 파악하는 것은 매우 중요하다.

다섯째, 의도한 결과가 나왔지만 시간이 지나면서 의도치 않은 결과로 바뀌는 유형이다. 단기적으로는 좋은 결과지만 장기적으로 보면 나쁜 결과인 경우를 말한다. 지금 당장은 의도대로 되었다 하더라도 안심해서는 안 된다. 이를테면 기업의 구조 개혁 계획이 잘 실행된 것처럼 보여도 시간이 흐름에 따라 의도치 않은 결과가 발생해 몇 년 후에는 불리한 상황을 초래할지도 모른다.

시간의 흐름을 아주 장기적으로 볼 수 있는 사람은 그리 많지 않다. 게다가 그렇게까지 먼 미래를 내다볼 필요가 있는 것도 아니다.

## ▪ '의도치 않은 결과'의 유형 ▪

1. 의도한 결과만 발생
2. 의도한 결과의 일부만 실현(메커니즘의 불충분한 실현)
3. 의도한 결과와 의도치 않은 결과가 함께 발생
4. 의도한 결과가 나왔지만 예상한 것과 다른 메커니즘이 작용
5. 의도한 결과가 나왔지만 시간이 지나면서 의도치 않은 결과로 변화
6. 의도치 않은 결과만 발생

출처: 네고로·아지로(2009)

## ▪ '의도치 않은 결과'를 유형화하는 의의 ▪

⋯ 의도대로 되지 않는다는 사실을 다시 한 번 일깨운다.
⋯ '설계의 한계'를 미리 고려할 수 있도록 한다.
⋯ 의도치 않은 결과에 대비할 필요성을 일깨운다.
⋯ '학습의 편향(bias)'을 자각하게 한다.

100년 후에 무슨 일이 일어날지 생각하면서 기업을 경영하는 사람은 없다. 자동차 회사의 경영자가 100년 후에 벌어질 일을 고려해서 경영한다면 지금 당장이라도 가솔린 엔진 자동차 사업을 그만두어야겠지만, 누구도 그렇게 하지 않는다. 지금 가솔린 엔진에서 손을 떼었다간 경영을 유지할 수 없다는 것을 잘 알기 때문이다.

여섯째, 의도한 결과가 전혀 나오지 않는 유형이다. 즉, 의도치 않은 결과만 발생하는 경우다. 차별화를 노리고 새로운 상품을 도입했지만 차별화가 되지 않아 매출도 이익도 늘지 않는 상황을 예로 들 수 있다. 이 경우는 완전히 불발로 끝난 것이므로 확실히 대처해야 한다.

# 의도치 않은 결과에 대비할 준비를 한다

제3장에서 설명했듯이 분류에는 목적이 있다. 의도치 않은 결과를 여섯 가지로 분류한 이유는 각 유형에 따라 대처 방법이 다르기 때문이다.

의도치 않은 결과에 대처하려면 인과관계를 심층적으로 읽어내야 한다.

깊이 있는 이해를 위해서는 125쪽 상단의 내용을 의식하는 것이 중요하다. 이때 읽어내는 과정에서 오인하기 쉽다는 점에 주의해야 한다.

'의도치 않은 결과'라는 개념을 인식하면 경계심이 깊어지는 효과가 있다. 의도치 않은 결과가 발생한 것을 즉각 알아차리고, 그 결과를 적절히 활용해 다음에 어떻게 할 것인지 결정하는 것은 매우 중요하다. 더 나아가 의도치 않은 결과가 발생할 것에 대비해 여러 가지 시나리오를 준비하거나 신속히 대응할 수 있는 조직 체제를 마련하는 등 미리 대비할 수도 있다.

## ▪ '의도치 않은 결과'에 대처하는 방법 ▪

---

**인과 연쇄에 대한 이해의 확장**

··→ 심층적으로 읽기
  • 가로 읽기, 세로 읽기, 대각선 읽기,
    미리 읽기
··→ 일반화된 모델 활용
  • '지도(과거의 인과 연쇄)'의 포괄성을
    높인다.
  • '행위−결과 설계도(미래의 인과 연쇄)'
    의 완성도를 높인다.
··→ 멀티 시나리오의 사전 검토
  • 예: 비상 계획

**의도치 않은 결과에 대처하기 위한 준비**

··→ 신속히 대응할 수 있는 조직을 구축하
    고 마음의 준비를 한다.
··→ 의도치 않은 결과를 사후적으로 활용
    한다.


## ▪ 네 가지 '읽기' ▪    ▪ 일반화된 모델의 기능 ▪

---

**가로 읽기:** 행위자가 경계를 설정할 때 바
깥쪽의 경계를 넓히는 것(면을 넓게 잡음).

**세로 읽기:** 경계를 설정할 때 안쪽의 경계
를 좁히는 것으로, 입도粒度를 높인 현실
인식.

**대각선 읽기:** 인과 연쇄에서 개념 설정을
할 때 설정 방법을 바꾸는 것으로, 현실
에서의 묶는 방법과 나누는 방법을 뒤집
은 현실 인식.

**미리 읽기:** 읽는 대상인 '결과'의 시간 축을
길게 늘이는 것.

**지도(과거의 인과 연쇄)의 포괄성을 높인다**

··→ 자사에도 그 요인이 부재한가?
··→ 자사에 그 부재 요인이 영향을 미치고
    있지 않은가?
··→ 일반화에 사용된 개념 정의로 자사의
    인과 연쇄를 보면 어떠한가?

**설계도(미래의 인과 연쇄)의 완성도를 높인다**

··→ 수단의 검토 범위를 넓힌다.
··→ 그 수단이 결과로 이어질 확률을 높
    인다.
··→ 일반화에 사용된 개념 정의로 결과를
    평가하면 어떠한가?

이처럼 의도치 않은 결과에 민감하게 대처할 수 있는 것은 일반화된 모델 덕분이다. 의도와 다른 결과가 발생하는 것이 이론적으로 타당하다는 사실을 인식하는 것이 의사 결정에 도움이 된다는 뜻이다.

일반화된 모델에는 반드시 누락된 부분이 있으며 부적절하게 분류된 부분도 있다. 현실에 완벽하게 부합하는 모델이나 이론은 존재하지 않는다. 하지만 일반화된 모델로 인해 의도치 않은 결과를 의식하면서 더 주의를 기울이기 때문에 실수를 방지할 수 있다.

마지막으로, 인과관계의 인식에서 부적절한 태도 두 가지를 살펴보자.

하나는 다른 회사의 사례를 제멋대로 해석하는 것이다. 이는 현재 자기 회사에 작용하는 요인을 간과하기 때문에 부적절하다. 다른 하나는 의도치 않은 결과가 발생했는데도 그것을 참고하지 않는 태도다. 이는 의도치 않은 결과를 불러일으킨 메커니즘을 충분히 이해하려고 하지 않기 때문이다.

## ▪ 부적절한 태도 1 – 다른 사례를 제멋대로 해석한다 ▪

···▸ 다른 회사의 성공 요인 또는 자기 회사의 과거 성공 요인을 현재 상황에 유리하게 해석한다.

···▸ 과거의 성공 요인에서 편향된 인과관계를 익힌다.

- 현재의 경영 환경과 과거 사례의 환경이 다르다는 것을 인식하지 않는다.
- 사례를 해석할 때 억지로 개념화한다.
  - 뒤늦은 깨달음에 의한 인과관계의 추정(나가세, 2008)
  - 하나의 뛰어난 요인으로 전체의 인상이 좌우되는 후광 효과 문제(로젠츠바이크, 2007)

## ▪ 부적절한 태도 2
### – '의도치 않은 결과'를 참고하지 않는다 ▪

···▸ 의도치 않은 결과를 낳은 행위가 다음에는 반드시 의도한 결과를 이끌어낼 것이라고 막연히 생각한다.

- 관계자의 행위가 다음번에는 달라질 것이라고 예측한다.
- 신기술 탄생 등의 사업 환경 변화를 당연한 것으로 상정한다.

···▸ 특히 의도치 않은 결과가 발생했지만 부분적으로 의도한 결과가 나왔을 경우, 행위의 작은 보정만으로 충분한 성과를 얻을 수 있다고 생각하기 쉬우므로 주의가 필요하다.

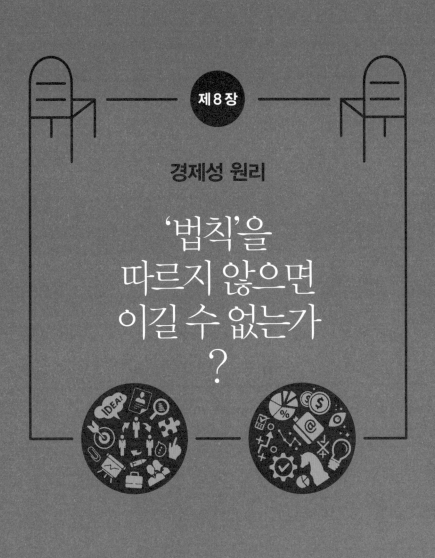

제 8 장

경제성 원리

'법칙'을
따르지 않으면
이길 수 없는가
?

# 비즈니스에는 경제성 원리가 있다

세상에는 '이렇게 하면 저렇게 된다'라는 인과관계를 주장하는 법칙이 존재한다. 비즈니스 세계에도 이러한 법칙이 있다. '경제성 원리'는 그중에서 가장 널리 쓰이는 법칙이다.

'원리'라고 하면 '지레의 원리'를 떠올리는 사람이 많을 것이다. 지레를 사용함으로써 작은 힘으로 무거운 물건을 움직일 수 있다는 원리다. 지레의 원리를 알면 작은 힘으로 큰 성과를 올릴 수 있다. 원리를 아는 것의 의미가 여기에 있다.

경제성 원리도 이와 마찬가지로 일반적인 인과관계를 설명한다. 비용 저하나 가치 확대가 실현되는 원리를 법칙으로 표현한 것이다. 단, 제4장에서 설명한 바와 같이 사회과학의 인과관계는 자연과학의 인과관계만큼 엄밀하지 않다.

물리학 법칙에는 예외가 없다. 모든 물리 현상에 정확히 맞아떨어진다. 만약 어떤 현상이 법칙을 따르지 않는다면, 그것은 다른 요소가 교란 요인으로 작용했기 때문이다. 야구공을 후지산 정상에서 떨어뜨렸을 때와 바닷가에서 떨어뜨렸을 때 속도를 비교하면 미묘하게 차이가 나지만, 그렇다고 해서 만유인력의 법칙이 틀린 것은 아니다. 법칙은 바뀌지 않는다. 다만 다른 요인이 영향을 끼쳤을 뿐이다. 여기서는 공기 저항의 크기나 바람의 세기 같은 요인이 작용했다고 볼 수 있다. 이러한 '다른 요인'으로 인해 결과는 바뀌지만 만유인력의 법칙은 언제 어디서나 동일하게 성립한다.

경제성 원리는 예외 없이 모든 비즈니스에 적용된다고 단언하기 어렵다. 다만 어느 정도 일반성이 있기 때문에 경제성 원리를 알아두면 비즈니스 모델을 설계할 때 참고가 된다. 널리 알려진 경제성 원리에는 네 가지가 있다. 규모의 경제, 경험의 경제, 범위의 경제, 네트워크의 경제가 바로 그것이다.

이러한 법칙을 배반함으로써 독창적인 비즈니스 모델이 탄생하는 일도 있다. 경제성 원리는 어디까지나 비즈니스 논리를 전개하기 위해 참고하는 법칙에 불과하므로 그것에 얽매일 필요 없이 자기만의 논리를 구상하면 된다.

133쪽 그림에서 이 네 가지 경제성 원리를 대략적으로 파악할 수 있다.

# ▪ 경제성 원리의 본질 ▪

**두 가지 요인 사이에 일반화된 인과관계를 주장한다.**

⋯▶ 규모의 경제: 규모 확대 → 단위당 비용 저하, 규모 창발
효과 실현

⋯▶ 경험의 경제: 누적 경험 축적 → 단위당 비용 저하, 경험에
따른 노하우 축적

⋯▶ 범위의 경제: 제품 종류 확대 → 단위당 비용 저하, 시너지
효과

⋯▶ 네트워크의 경제: 이용자 수 확대 → 이용 편익 증가

■ 명제 35 ■

# 규모가 확대되면 단위당 비용이
# 감소한다 – 규모의 경제

'규모의 경제'란 규모가 확대될수록 단위당 비용이 줄어드는 것을 말한다. 규모가 커지면서 제품 1단위당 평균 비용이 감소하는 것이다. 요컨대 제품을 대량으로 생산하면 비용이 적게 든다는 의미다.

이유는 능력의 증대율보다 비용의 증대율이 작기 때문이다. 예를 들어 철강 회사의 경우 생산 능력 100톤의 전기로를 만드는 것보다 생산 능력 1000톤의 용광로를 만드는 것이 더 많은 비용이 들지만, 실질적인 비용 부담은 10배가 아니라 3배 정도 더 든다고 알려져 있다. 따라서 큰 규모의 설비를 마련하는 편이 단위당 비용이 낮다.

규모의 경제는 135쪽의 그래프로 설명할 수 있다. 단위당 평균 비용은 규모의 확대에 의해 급격히 떨어지고 특정 지점에서 저하가 더뎌진다. 멈추는 지점이 있다는 것이 핵심이다.

규모를 더 확대하면 평균 비용이 올라가기 시작한다. 일정 규모 이상 되면 오히려 단위 비용이 상승하는 것이다. 소프트웨어의 경우에는 규모 확대에 따른 비용 저하가 계속되지만, 일반적인 제품 생산에서는 규모의 확대에 의해 비용이 상승하는 지점이 존재한다.

# ▪ 규모의 경제 ▪

···▸ **정의**

　　규모의 확대에 의해 제품 1단위당 평균 비용이 감소하는 것

···▸ **규모의 경제가 발생하는 이유**

　　협의: 생산 능력(규모) 증대율 > 능력 확대에 따른 설비 비용 증대율

　　광의: 사업 규모 증대율 > 사업 규모 확대에 따른 제비용(생산비, 관리비, 선전비, IT

　　비용 등) 증대율

　　　　출처: 데이비드 베상코·데이비드 드라노브·마크 샤늘리, 『전략의 경제학』(다이아몬드사, 2002)

# ▪ 규모의 경제 곡선 ▪

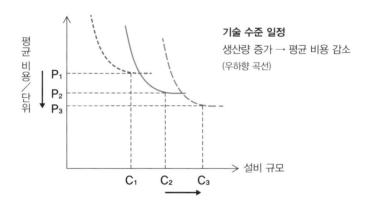

**기술 수준 일정**

생산량 증가 → 평균 비용 감소

(우하향 곡선)

그래프에 따르면 곡선이 완만해지는 지점에 빨리 도달하는 것이 좋다. 비용이 가장 낮아지는 규모에 도달하기 전까지는 비용 면에서 뒤처지기 때문이다. 곡선이 완만해지기 시작하는 지점에 이르면 비용 격차가 없어져 그 밖의 요인으로 승부할 수 있다.

자신의 비즈니스 모델을 구상할 때는 규모가 얼마나 커지면 곡선이 완만해지며 어느 지점에서 비용 저하가 멈추는지 반드시 알아야 한다. 생산량 면에서는 어느 정도인지, 고객 수 면에서는 몇 명 정도인지 예측한다. 곡선이 어떤 형태로 되어 있으며 최저점에 이르는 수량이나 가동률은 어느 정도인지 의식적으로 상정할 필요가 있다.

비용 경쟁력이 중요하다면 곡선이 완만해지는 지점까지 규모를 확대할 수 있도록 수요를 확보해야 한다. 곡선의 최저점에 도달하면 적어도 비용 면에서는 뒤떨어지지 않는다. 이 점을 의식하는 것이 규모의 경제의 핵심이다. 예를 들어 저비용 항공사LCC를 창설한다고 하면, 한 노선당 하루에 몇 번 왕복해야 곡선의 최저점에 도달할 수 있는지 따져봐야 한다.

# 기술이 발전하면 곡선은 변한다

기술 수준의 변화에 따라 규모의 경제 곡선도 변화를 거듭한다. 자동차 공장을 신설할 경우 채산이 맞으려면 생산량이 어느 정도 되어야 할까?

30년 전에는 연간 20만 대 이상 생산하지 않으면 고정 비용을 회수할 수 없어 수지가 맞지 않는다고 알려져 있었다. 그러나 최근에는 그 기준이 5만 대로 내려갔다. 기술 혁신으로 규모의 경제 곡선이 변화한 것이다.

규모의 경제의 확장으로 나타나는 '규모 창발 효과'라는 개념도 있다. 이는 일정 규모에 이르러야 비로소 의미를 지니는 현상을 말한다. 그 전형적인 예가 TV 광고다. 일정 규모에 이르지 않으면 의미가 없으며 애초에 일정 규모 이상 되어야 가능하다. 이러한 것을 규모 창발 효과라고 한다.

규모의 경제는 본래 경제학 용어로, 생산 능력과 비용의 관계를 설명할 때 쓰이는 개념이다. 그런데 그 의미가 확대되어 최근에는 사업 규모에도 적용되고 있다.

같은 분야의 회사를 인수해서 사업 규모를 확대하는 것은 그야말로 '규모의 경제'를 추구하는 것이다. 요컨대 규모 면에서 앞서면 비용 면에서도 앞설 수 있으며, 반대로 규모 면에서 뒤처지면 비용 면에서도 뒤처진다는 논리다.

## ▪ 명제 37 ▪

# 경험이 축적되면 단위당 비용이 감소한다 – 경험의 경제

'경험의 경제'란 경험이 쌓일수록 단위당 비용이 줄어든다는 개념이다. 학습 효과에 의해 생산 비용이 낮아진다고 설명한다. 이를 보여주는 것이 학습 곡선으로, 원래는 공장의 생산 현장에서 실증된 원리다. 예를 들어 의자를 조립할 때, 생산 개수가 증가할 때마다 개당 비용(작업 시간)을 측정하면 완벽한 로그 곡선을 그린다.

규모의 경제는 '지금 몇 개 만들 것인가'에 중점을 두지만 경험의 경제는 '지금까지 몇 개 만들었는가'에 주목한다. 즉, '누적'에 의미가 있다.

규모와 누적은 다르다. 규모가 클수록 누적도 빨라지지만 아무리 큰 규모의 회사라도 오늘부터 시작하면 10년 전부터 있던 회사를 누적 경험으로 이길 수 없다.

학습에 의해 비용이 낮아지는 이유는 141쪽 '경험의 경제'의 네 가지로 정리할 수 있다.

학습 효과에 의한 생산 비용의 저하는 직선적이지 않다. 계속 낮아지지만 그 형세는 점점 완만해진다. 이를 '체감'이라고 하며 이 또한 경제학 개념이다.

항공기 제조업체인 보잉사는 일찍이 이 원리를 깨닫고, 비행기의 누적 생산 대수가 1대, 10대, 100대로 늘어날 때의 비용 곡선을 로그 눈금 그래프로 그리면 직선이 된다는 사실을 데이터로 증명했다. 이로써 비행기의 조립 비용을 예측할 수 있었다. 처음 몇 대분의 데이터를 그래프에 표시한 뒤, 그것을 이용해 예상 그래프를 그리면 100대째의 조립 비용을 예상할 수 있다.

이 원리에 따르면 누적 생산량의 증가를 고려해 가격을 책정하는 가격 전략을 세울 수 있다. '현재 생산량 수준에서는 비용이 높아서 적자지만 누적 생산량이 일정 수준에 도달하면 경험 효과에 의해 비용이 낮아져 흑자가 된다'고 예상될 때, 이를 반영해 가격을 설정하는 것이다. 이렇게 함으로써 수요를 단숨에 늘릴 수 있으며 가격 경쟁에서도 앞서나갈 수 있다. 반도체나 게임기 시장에서는 이미 이러한 원리를 의식하고 있었다.

경험의 경제에서 중요한 것은 곡선이 결국 수평에 가까워진다는 사실이다. 이는 자신의 사업이 곡선의 어느 지점에 위치하느냐에 따라 경쟁 방법이 달라진다는 뜻이다. 비용이 급속히 저하하는 지점에 있다면 안심하고 가격 경쟁에 참가할 수 있다. 하지만 이미 비용의 감소 추세가 둔화된 상태라면 가격 경쟁에 뛰어드는 것은 위험하다. 자신의 사업에 어떤 경험 효과가 작용하는지 판단하는 것은 가격 전략을 결정하는 데 큰 의미를 지닌다.

# ▪ 경험의 경제 ▪

···▶ **정의**

누적 생산량이 증가함에 따라 제품 1단위당 생산 비용이 체감한다.

···▶ **경험의 경제가 발생하는 이유**

① 숙달에 의한 노동자의 능률 향상

② 작업의 표준화와 작업 방식의 개선

③ 제조 공정의 개선 및 개량

④ 제품의 표준화 등

출처: 데이비드 베상코·데이비드 드라노브·마크 샤늘리,

「전략의 경제학」(다이아몬드사, 2002)

# ▪ 경험 곡선(학습 곡선) ▪

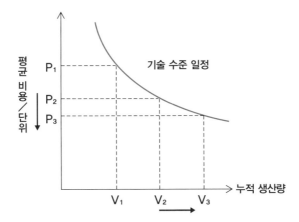

# 경험 곡선은 기업에 따라 다르다

중요한 것은 경험 곡선이 기업마다 다르다는 사실이다. 기업에 따른 차이가 전혀 없다면 먼저 투자하고 판매해서 누적 생산량을 늘린 회사가 우위를 점하는 단순한 구조가 된다. 하지만 곡선이 제각기 다르다는 것은 그렇게 단순한 문제가 아니라는 의미다. 게다가 후발 기업이 다른 회사의 생산 노하우를 모방해 곡선의 중간 지점부터 갑자기 시장에 진입하기도 한다.

제조업에서는 생산 설비에 노하우가 있는 경우, 경험 곡선의 도중부터 시작할 수 있다. 생산 설비 안에 녹아든 선행 회사의 노하우가 그 설비를 만드는 회사의 기술로 축적되어 다른 회사도 동일한 설비를 도입할 수 있기 때문이다. 즉, 최첨단 기계를 도입해서 처음부터 낮은 비용으로 시작할 수 있다. 경험 효과를 뛰어넘을 수 있다는 뜻이다.

일본 기업의 생산 노하우는 이 원리에 따라 타이완, 한국, 중국으로 이전되었다는 의견도 있다.

## ▪ 새로운 산업과 오래된 산업의 경험 효과 ▪

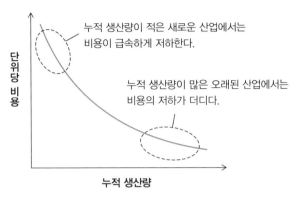

누적 생산량이 적은 새로운 산업에서는
비용이 급속하게 저하한다.

누적 생산량이 많은 오래된 산업에서는
비용의 저하가 더디다.

단위당 비용

누적 생산량

출처: 오노 게이노스케 · 네고로 다쓰유키, 『생산 기업의 경영』(가이세이샤, 1990)

## ▪ 기업에 따른 경험 효과의 차이 ▪

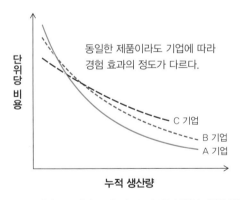

동일한 제품이라도 기업에 따라
경험 효과의 정도가 다르다.

C 기업
B 기업
A 기업

단위당 비용

누적 생산량

출처: 오노 게이노스케 · 네고로 다쓰유키, 『생산 기업의 경영』(가이세이샤, 1990)

# 종류가 늘어나면 단위당 비용이 줄어든다

## ― 범위의 경제

'범위의 경제'는 제품의 종류가 늘어날수록 단위당 비용이 낮아진다는 개념이다. 여러 제품을 다루면 공통 부분이 생기므로 비용이 줄어드는 것이다. 즉, 기업에서 한 제품만 취급하는 것보다 복수의 제품을 취급할 경우 비용이 적게 든다.

범위의 경제가 성립하는 이유는 공통의 자원으로 인해 비용이 절감되기 때문이다. 가까운 예로 설비나 시설을 공동으로 사용하는 것을 들 수 있다. 이를테면 야구장에서는 콘서트도 열린다. 만일 야구장과 콘서트장이 각각 전용 설비라면, 각각의 비용은 더 늘어날 것이다.

설비나 시설에만 범위의 경제가 작용하는 것은 아니다. 시리즈로 구성된 두 가지 제품의 판매 활동을 한꺼번에 하면 판매 비용이 절감된다. 기술이나 노하우가 겹치는 경우도 있고 브랜드를 공유하는 경우도 있다. 또는 소비자가 두 가지 제품을 세트로 이용하는 경우도 있다.

# · 범위의 경제 ·

···▸ **정의**

- 하나의 기업이 단일 사업(제품)을 하는 것보다 복수의 사업(제품)
  을 다루면 비용이 절감된다.

  $C(x_1, x_2) < C(x_1, 0) + C(0, x_2)$

- '시너지'는 범위의 경제와 거의 동일한 개념이다. 단, 정성적 효
  과를 더 강하게 의식한다.

···▸ **범위의 경제가 발생하는 이유**

**① 복수 사업 간 공유 가능한 자원 존재**

- 관리 부문, 영업 부문의 공유
- 설비의 공동 이용
- 기술 및 노하우의 공통성
- 우산 브랜딩umbrella branding

**② 기존 사업의 부산물 활용**

- 예: 철강 회사가 코크스를 제조할 때 생성된 콜타르로 탄소섬유
  를 제조한다.

참고: 범위의 불경제

　　　관리 범위의 한계

　　　다른 메커니즘의 사업을 함께 관리하는 경향

범위의 경제는 비용뿐만 아니라 노하우의 활용 및 고객 가치 확대에도 적용된다. 비용 이외의 정성적 효과를 포함해서 말할 때는 '시너지 효과'라고 부르기도 한다.

예를 들어 전자상거래업체 라쿠텐은 2010년 전자 머니 에디Edy를 취급하는 비트월렛을 소니 그룹으로부터 인수했다. 소니 그룹보다 라쿠텐에서 에디를 맡는 편이 더 이점이 있다면 두 회사에는 서로 다른 범위의 경제가 작용한다고 볼 수 있다.

에디는 라쿠텐의 다른 사업과 시너지 효과를 낼 수 있다. 구체적으로는 소매 사업의 결제 수단으로서 의미가 있다. 더불어 적립금 서비스와 결제를 일체화하는 도구로서 사용할 수도 있다.

사업의 부산물을 활용하는 것도 범위의 경제다. 예를 들어 제철업에서는 연료로 코크스를 사용한다. 이 때문에 대부분의 제철소는 석탄에서 코크스를 생성하는 코크스로를 함께 세운다. 코크스가 생성되는 과정에서 콜타르가 만들어지는데, 과거에는 이 콜타르가 목재의 방부제로서 굄목이나 나무 전봇대 등에 쓰였으며, 현재도 염료의 원료로 사용되고 있다. 철강 회사 중에는 자석 사업에 진출한 곳이 많은데, 이 또한 같은 이유다. 부산물로 나오는 페라이트를 자석의 원료로 활용하는 것이다.

# 범위의 경제에도 '불경제'가 존재한다

규모의 경제에서는 지나치게 규모가 커지면 오히려 비용이 상승하는 '규모의 불경제'가 발생할 가능성이 있다. 범위의 경제에도 이러한 '불경제'가 존재한다. '관리 범위의 한계론'이 여기에 해당하는데, 여러 가지 사업을 병행하면 경영의 효율성이 떨어진다는 견해다. 사업의 성질이 각각 다른데도 같은 방식으로 관리하면 성공을 거둘 수 없다. 이런 사실을 모른 채 새로운 경영자는 자신이 가진 사업 경험에만 의존해서 일을 처리한다. 분야마다 의사 결정의 성공 패턴이 다르기 때문에 사업이 잘되기 어렵다.

  예를 들어 철강 회사에서 고성능 자석 부품 사업을 시작한다고 하자. 자석과 철강은 투자 판단 시 고려해야 할 사항이 다르다. 철강은 생산 설비가 고액이며 수요를 어느 정도 예측할 수 있으므로 반년 단위로 설비 투자를 하면 변화에 충분히 대응할 수 있다. 반면 컴퓨터 하드디스크 구동용 스테핑 모터에 들어가는 자석의 경우, 시장의 성장기에는 1개월 단위로 증산 판단이 요구되었다. 이런 상황에서는 지체 없이 투자를 결정하지 않으면 고객을 잃는다. 철강 사업만 경험한 사람은 이러한 감각을 좀처럼 익히기 힘들다. 이런 상황에 대응할 사내 제도 역시 마련되어 있지 않은 경우가 많다.

이러한 문제는 투자뿐만 아니라 인센티브 제도, 승진 제도, 고객 대응 등 모든 측면에 존재한다. 여러 제품이나 사업을 다룰 때는 각각의 사업이 별개의 메커니즘으로 성립되어 있다는 점을 고려해서 관리 방법을 다양화할 필요가 있다.

한편 범위의 불경제가 발생하는 것은 대형 조직의 숙명이기도 하다. 큰 회사 안에서 작은 사업 부문을 담당하는 경우 적절치 못한 시스템으로 관리되는 사례가 아주 많다. 각각의 사업에 맞는 관리 방법을 구사하고 싶어도 관리자가 두뇌를 전환하지 못한다. 자원(인력, 자금 등)의 배분이나 평가를 위해서는 같은 방법을 사용하는 것이 편하다는 합리적 이유도 있어, 동일한 관리 방법을 밀어붙이는 것이다.

그렇기 때문에 작은 기업이라도 승산이 있다. 단일 사업만 하는 회사가 우위를 점할 수도 있다. 대기업이 '범위의 불경제'로 인해 앞으로 나아가지 못하는 사이 틈새를 파고들 수 있기 때문이다.

# 이용자가 확대되면 이용 편익이 증가한다

## ─ 네트워크의 경제

'네트워크의 경제'란 이용자의 확대가 이용 편익의 증가로 이어지는 현상이다. 제품을 사용하는 사람이 늘어날수록 이용자의 편익이 커진다는 개념으로, '네트워크 효과'라고도 한다. 좀 더 전문적인 표현을 사용하면 다음과 같이 정의할 수 있다. "한 명의 이용자가 느끼는 제품의 가치가 그 제품 전체 이용자의 수에 의해 결정되는 경우 네트워크 효과가 있다."(칼 샤피로·헬 배리언)

대표적인 예가 전화다. 전화는 사용하는 사람이 다수이기 때문에 가치가 있다. 만약 전화를 사용하는 사람이 단 한 명밖에 없다면 아무런 가치도 없을 것이다. 즉, 제품의 기능이 아니라 제품의 이용자 수가 가치를 결정한다. 이것이 바로 네트워크 효과다.

네트워크 효과의 특징은 이용자 수가 일정 규모를 넘어서면 수요가 폭발적으로 성장한다는 것이다. 이용자 수가 늘어날수록 점점 더 많은 이용자가 가치를 인식해 그 제품을 선택한다. 따라서 단숨에 이용자 수가 불어난다.

마이크로소프트사는 컴퓨터의 기본 소프트웨어$^{OS}$ 사업에서 네트워크의 경제를 이용해 독주 체제를 구축했다. 윈도우 운영체제 이용자는 파일을 주고받을 때나 사용법을 가르쳐줄 사람을 구할 때 어려움을 겪지 않는다. 방대한 이용자 수가 제품의 가치 상승으로 이어진 것이다. 즉, 마이크로소프트는 기능 경쟁에서 큰 격차를 벌려 성공한 것이 아니라, 많은 이용자를 확보함으로써 성공했다. 많은 이용자를 획득하게 된 이유로는 하드웨어 시장에 진출하지 않았다는 점과 초창기에 보급된 IBM 컴퓨터에 탑재되었다는 점을 들 수 있다.

기술 및 규격의 경우 네트워크 효과에 의해 다수의 이용자를 확보한 쪽이 사실상의 표준으로 자리 잡는다고 알려져 있다. 그러므로 기술이나 규격을 공개하고 다른 회사에 제공함으로써 '내 편 만들기'에 주력해야 한다.

네트워크 효과와 유사한 개념으로 '밴드왜건 효과'가 있다. 밴드왜건 효과란 어떤 선택이 유행하고 있다는 정보가 퍼지면 그 선택이 한층 더 촉진되는 것으로, 군중 행동의 하나다. 즉, 유행을 따르는 심리라고 할 수 있다. 특정 가수나 아이돌 그룹의 노래가 독보적으로 인기를 끄는 현상은 네트워크 효과보다 밴드왜건 효과로 설명하는 것이 더 적절하다.

# ▪ 네트워크의 경제(네트워크 효과) ▪

⋯ 이용자가 느끼는 제품 및 서비스의 가치가 이미 그것을 사용하는
다른 이용자의 수에 비례하는 것

⋯ 시장에서 거래되는 상품의 기능 자체와 관계없는 일(새로운 고객의
네트워크 참가 등)에 의해 이용자의 효용이 변화한다는 점에서 '네트
워크 외부성'이라 불리기도 한다.

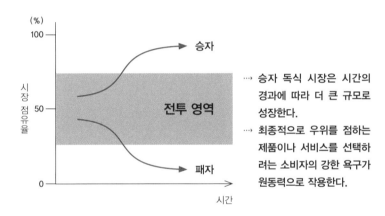

⋯ 승자 독식 시장은 시간의
경과에 따라 더 큰 규모로
성장한다.
⋯ 최종적으로 우위를 점하는
제품이나 서비스를 선택하
려는 소비자의 강한 욕구가
원동력으로 작용한다.

출처: 칼 샤피로·핼 배리언, 『네트워크 경제의 법칙』(IDG커뮤니케이션스, 1999)

■ 명제 42 ■

# 네트워크 확대는 편익 확대로 직결된다

네트워크 효과는 사이드 내 네트워크 효과와 사이드 간 네트워크 효과로 나뉜다. '사이드side'란 이용자 그룹을 의미한다.

사이드 내 네트워크 효과는 같은 제품이나 서비스를 사용하는 사람들 사이에서 작용하는 네트워크 효과로, 네트워크의 확대가 편익의 확대로 직결된다. 즉, 이용자가 속하는 그룹 내에서 제품의 가치가 상승 또는 하락하는 현상을 말한다. 대표적으로 전화가 이에 해당하며 최근의 사례로는 SNS의 성장을 들 수 있다. 페이스북을 이용하는 사람이 늘어날수록 다양한 사람과 페이스북 내에서 교류할 수 있으므로 이용자의 편익이 증가한다.

사이드 간 네트워크 효과는 서로 다른 이용자 그룹 사이에서 작용하는 네트워크 효과다. 한쪽의 이용자가 증가하면 다른 쪽의 이용자 그룹 내에서 제품이나 서비스의 가치가 상승 또는 하락한다. 이는 가정용 게임기나 DVD 플레이어가 보급되던 시기를 떠올리면 이해하기 쉽다. 이러한 제품의 경우 하드웨어 보급량의 증가가 소프트웨어의 다양화 및 가격 저하로 이어져 이용자의 편익이 증대된다. 즉,

152 일본 최고 MBA 경영 수업

# ▪ 두 가지 네트워크 효과 ▪

···▶ **사이드 내 네트워크 효과: 이용자 수가 증가함에 따라 그 이용자가 속하는 그룹에서 제품 및 서비스의 가치가 상승 또는 하락하는 현상**

- 친구들이 많이 이용하는 SNS에 가입한다.
- 판매자가 많은 경매 사이트에서는 출품 가격을 낮게 책정할 수밖에 없다.

···▶ **사이드 간 네트워크 효과: 한쪽의 이용자 수가 증가하면 다른 쪽의 이용자 그룹에서 플랫폼의 가치가 상승 또는 하락하는 현상**

- 게임 소프트웨어가 많이 나와 있는 게임기를 구입한다.
- 출품 수가 많은 경매 사이트를 이용한다.
- 저급한 게임 소프트웨어가 대량으로 유통되는 게임기는 이용을 꺼린다.

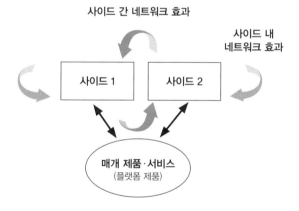

출처: 토머스 아이젠만 외, '투 사이드 플랫폼 전략', 「다이아몬드 하버드 비즈니스 리뷰」, 2007년 6월호

하드웨어가 보급되면 다양한 소프트웨어가 출시된다. 그렇게 되면 하드웨어가 한층 더 보급된다. 이와 같은 현상은 소프트웨어나 콘텐츠 같은 보완 제품이 존재할 때 나타난다. 이처럼 보완 제품의 사용을 전제로 하는 제품을 '플랫폼 제품'이라고 한다.

　사이드 간 네트워크 효과는 보완 제품이 있을 때만 나타나는 것이 아니다. 예를 들어 인터넷 경매 사이트는 입찰자가 많을수록 출품자가 모여든다. 동영상 공유 사이트는 투고 수 및 투고자 수를 많이 확보하는 것이 관건이다. 이 또한 서로 다른 복수의 그룹이 존재함으로써 발생하는 사이드 간 네트워크 효과의 일종이다.

■ 명제 43 ■

# 이용자가 많다고 좋은 것은 아니다

네트워크의 경제는 다른 사람이 사용해야만 의미가 있는 제품이나 연관된 다른 이용자 그룹이 존재하는 제품의 보급에서 중요한 역할을 수행해왔다. 나아가 이런 효과는 신규 참가자의 시장 진입을 어렵게 만드는 면도 있다.

다만 네트워크 효과의 사례 중에는 단순히 이용자 수가 많을수록 좋다고 하기 어려운 경우도 있다.

2006년 이동통신업계에 진출한 소프트뱅크가 가입자를 크게 늘린 요인으로 언급되는 '화이트플랜'은 소프트뱅크 가입자 간 무료 통화를 내세운 서비스로, 사이드 내 네트워크 효과를 활용한 가입자 확보 전략이었다. 그 당시 소프트뱅크의 가입자 수는 업계 최하위 수준이었다.

이 전략의 유리한 점은, 소프트뱅크 가입자가 다른 회사 가입자에게 전화를 걸면 요금이 나가므로 거기서 수익을 낼 수 있다는 것이다. 소프트뱅크는 시장 점유율이 낮았기 때문에 다른 회사 가입자에게 전화를 거는 사람이 많았다. 이에 반해 NTT도코모나 에이유<sup>AU</sup>는 점유율이 높아 자사 가입자 간 통화를 무료로 하면 수익이 크게 감소할 염려가 있었다. 따라서 함부로 이 전략을 모방할 수 없었다.

이 화이트플랜처럼 사이드 내 네트워크 효과는 특정한 가치를 지닌 사람의 사용 여부에 따라 결정되는 것으로, 전체 이용자 수가 많다고 해서 반드시 좋은 것은 아니다. 화이트플랜의 경우 전화 통화를 자주 하는 상대가 이용자에 포함되어 있느냐가 관건이었다.

그 밖의 사례를 들면, 출품자가 많은 경매 사이트는 경쟁이 치열하므로 출품을 꺼리는 사람이 늘어난다. 이때 사이드 내 네트워크 효과는 마이너스가 된다.

게임기의 경우, 저급한 성인 게임이 대량 유통되는 기기는 보급에 제동이 걸릴 수 있다. 이것은 사이드 간 네트워크 효과가 마이너스로 작용한 사례다.

# 논리가 독창적이면 앞서나갈 수 있다

경제성 원리는 비즈니스 모델을 의식할 수 있도록 도와준다. 규모의 경제를 알면 임계량<sup>critical mass</sup>(효과가 나타나기 시작하는 양)을 의식하게 된다. 경험 곡선을 알면 최종적인 생산 비용을 고려해 가격을 책정할 수 있다. 범위의 경제를 알면 시너지 효과가 얼마나 나타날지 계산해야 한다는 것을 인식해 도움이 된다. 하지만 경제성 원리를 지나치게 의식하면 전략을 세우는 데 제약이 생기기 때문에 누구나 할 수 있는 발상에 그치고 만다. 당연한 일을 하면 당연한 결과밖에 나오지 않는다.

수많은 성공 사례가 보여주듯, 예외성을 추구하는 전략이 오히려 큰 성공을 부른다. 독보적인 기업이 되고 싶다면 원리를 이용한 전략이 아니라 원리를 배반하는 전략 혹은 업계의 상식을 뒤집는 전략을 세워야 한다.

어떤 원리가 지배하는 사업에 다른 원리로 대항한다. 남들과 다른 원리를 이용하는 것이다. 이러한 도전 정신을 잃지 말아야 한다.

'이렇게 하면 이렇게 된다'라는 인과관계를 독창적으로 상정하는 회사는 단번에 치고 올라가는 경향이 있다. 논리가 독창적이면 자원의 축적을 통해 앞서나갈 수 있다. 왜냐하면 다른 회사들은 그 논리를 미심쩍게 생각해 따라 하지 않기 때문이다. 따라서 그사이 사업을 키워 자원을 축적할 수 있다.

경제성 원리가 원활하게 돌아가는 회사에는 핵심적인 요인이 있다. 이를 '구동 요인'이라고 한다. 비즈니스 모델을 분석하거나 설계할 때는 이 구동 요인을 파악하는 것이 중요하다. 예를 들면 게임기 사업에서 사이드 간 네트워크 효과의 구동 요인은 킬러 콘텐츠(출시와 동시에 시장의 판도를 바꿀 정도로 영향력이 있는 콘텐츠 – 옮긴이)의 존재와 게임기의 보급 대수다. 게임기 회사는 전자를 구동하기 위해 유력 소프트웨어 회사에 지원을 아끼지 않으며, 후자를 구동하기 위해 적자를 각오하면서 가격을 결정하기도 한다.

# 사업마다 전략 변수의 수가 다르다

## ─ 어드밴티지 매트릭스

규모의 경제를 이용하거나 예외성을 추구할 때 참고가 되는 프레임워크로 어드밴티지 매트릭스advantage matrix를 들 수 있다. 어드밴티지 매트릭스란 $x$축을 규모(생산량, 판매액 등), $y$축을 수익성(영업이익률 등)으로 설정한 그래프에 업계 참가자들의 위치를 표시한 것이다.

160쪽의 '어드밴티지 매트릭스' 그림은 전형적인 어드밴티지 매트릭스를 네 가지로 분류한 것이다. 바깥쪽 그래프의 $x$축은 규모가 우위성으로 작용할 가능성을 나타낸다. $y$축은 경쟁상 전략 변수의 개수를 나타낸다. 즉, 전략에 차등을 둘 수 있는 변수가 얼마나 있느냐 하는 것이다. 만약 어느 회사든 똑같은 제품을 만들 수밖에 없어서 가격만으로 승부한다면 전략 변수는 하나다.

그러나 사업마다 전략 변수는 천차만별이다. 무를 판매할 때 변수는 몇 가지일까? 휴대전화를 판매할 때 변수는 몇 가지일까? 화장품을 판매할 때는 몇 가지 변수가 있을까? 이것은 사업의 종류에 따라 결정된다.

# ▪ 어드밴티지 매트릭스 ▪

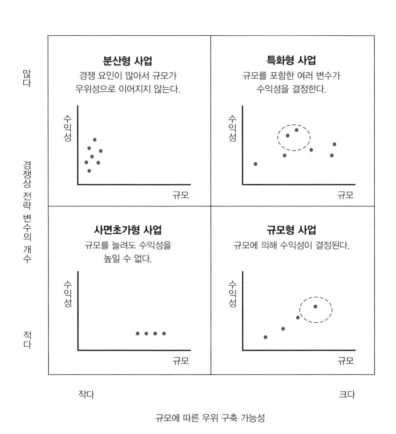

규모에 따른 우위 구축 가능성

어드밴티지 매트릭스에서 가장 먼저 알 수 있는 것은 사업마다 성질이 있다는 사실이다. 예를 들어 규모로 승패가 정해진다면 그것은 '규모형 사업'이다. 극단적인 규모형 사업은 전략 변수가 가격밖에 없다. 규모에 의해 비용이 결정되고 그것이 수익성을 좌우한다. 이러한 사업에서는 규모를 늘리지 않으면 절대 성공할 수 없다.

규모형 사업에 뛰어들 경우 생산량과 판매량을 늘리고 다른 회사를 인수하거나 다른 회사와 합병함으로써 규모를 키워 규모의 경제 곡선이 완만해지는 지점까지 도달하지 않으면 승자가 될 수 없다. 임계량에 이르지 않는 한 성공을 거둘 수 없다는 이야기다.

반면 경쟁 요인이 너무 많아 아무리 규모를 키워도 수익성이 높아지지 않는 '분산형 사업'도 있다. 미용실은 단순히 규모가 크다고 해서 손님이 많이 오지 않는다. 미용실의 손님은 그렇게 멀리서 오지 않기 때문이다. 사이타마현에서 하라주쿠까지 가서 미용 서비스를 받는 사람도 있긴 하겠지만 일반적인 동네 미용실은 규모의 영향을 크게 받지 않는다. 미용실은 전략 변수가 무수히 많다. 즉, 세련된 분위기를 내세워도 좋고 가격으로 승부해도 좋다. 단골손님과의 커뮤니케이션 능력 또한 전략 변수가 될 수 있다. 여러 가지 전략이 존재하므로 경쟁 요인은 수없이 많다.

'특화형 사업'은 규모의 영향을 받긴 하지만 그 밖의 변수도 많이 존재하는 사업을 가리킨다. 이 유형은 독자적 영역을 구축할 수 있느냐가 관건이다. 호텔 예약 사이트는 특화형 사업으로 분류된다. 예를 들어 '잇큐닷컴ikyu.com'은 고급 호텔이나 료칸의 예약에 특화된 업체로, 괜찮은 수익을 올리고 있다. 하지만 기본적으로 규모가 크지 않으면 성공할 수 없다. 물론 규모형 사업만큼 단순하지는 않다. 규모는 작지만 고수익을 내는 회사도 분명히 존재한다.

'사면초가형 사업'은 절망적이다. 애초에 경쟁 요인의 수가 적다. 게다가 규모를 키워도 수익성이 오르지 않는다. 더는 방법이 없는 상태다. 취할 수 있는 전략이 매우 적으며 살아남는 것이 주목표가 된다. 구조적 불황 업종이라고 부르는 사업이 여기에 속한다. 일본에서는 제지업이 이 부류에 가깝다.

■ 명제 46 ■

# '숙명'을 뛰어넘어야 크게 성공한다

어드밴티지 매트릭스가 주장하는 바와 같이, 특정 사업이 갖는 성질은 경험적으로 알려져 있다. 예를 들어 유리나 맥주 생산은 규모형 사업으로 분류된다.

그런데 어드밴티지 매트릭스를 만든 보스턴 컨설팅 그룹<sup>BCG</sup>은 이 모델을 사용할 때 비판적인 시각을 잃지 말아야 한다고 강조한다. 어드밴티지 매트릭스는 단순하게 이해하면 '숙명론'이 되어버리기 때문이다.

자신의 사업이 '규모형 사업'이라고 생각한다면 어쨌든 규모를 키워야 한다. '특화형 사업'이라면 특화 요인을 찾는 데 열중해야 한다. 하지만 어딘가 잘못되었다고 생각되지 않는가?

모두가 규모형이라고 생각하는 사업을 특화형 사업으로 바꾼다. 또는 모두가 사면초가형 사업이라고 판단하는 사업에 규모의 효과를 도입한다. 이런 창의적인 발상으로 난관을 돌파하고자 하면 사업을 창조할 수 있다. 보스턴 컨설팅 그룹은 이런 사고방식을 가져야 한다고 말한다.

# ▪ '경제성 원리' 분석의 문제점 ▪

---

⋯ **원리는 경향 법칙이다.**

- 각 기업은 원리를 실현하는 데 차이가 있다. 즉, 원리를 능숙하게 사용하는 회사와 그렇지 않은 회사가 있다.

  예: 경험 효과를 확신하는 기업은 처음부터 비용 저하를 고려한 낮은 가격으로 설정해서 시장의 성장을 재촉한다.

- 법칙을 절대시하면 안이하게 M&A에 의한 해결을 선택하는 경향이 있다.

⋯ **공급하는 쪽이 의식하는 원리와 고객 만족 사이에는 거리가 있다.**

- 예: 규모의 효과로 가격을 더 낮출 수 있는데도 고객은 이미 가격 이외의 요소로 선택하는 경우

- 예: 고객이 더 중요하게 생각하는 요인이 다른 원리에 의해 충족되는 경우

⋯ **원리는 추상화된 경향이므로 현실에는 그 밖의 인과관계도 존재한다.**

- 기업에 따라 원리의 작용 방식이 다르다.

- 원리가 비즈니스 시스템 내에서 수행하는 역할 또한 기업마다 다르다.

⋯ **어드밴티지 매트릭스는 '숙명론'으로 흘러갈 가능성이 항상 존재한다.**

- 전략 변수는 스스로 늘릴 수 있다.

- 업계 내 다른 회사의 인식과 다른 전략 변수를 만들어낼 수 있다.

---

이는 곧 어드밴티지 매트릭스를 분류한 그림에서 사분면을 넘나드는 것을 의미한다. 모두가 규모형 사업이라고 말하는 사업을 다른 유형의 사업으로 재구성한다. 모두가 분산형이라고 말하는 사업을 규모형 사업으로 이동시킨다.

마이클 포터Michael Porter의 이론이나 블루오션 전략에 나오는 '전략 그룹'이라는 개념을 사용하면, '새로운 전략 그룹을 만드는 것'이라고 할 수 있다. 기존 전략 그룹 안에서 상대적 경쟁력을 높이는 것도 아니고, 기존 전략 그룹 안에서 무언가를 선택하는 것도 아니다. 완전히 새로운 전략 그룹을 만드는 것이다. 큰 성공은 숙명론에서 벗어나 창조적인 발상을 함으로써 거머쥘 수 있다.

# '원리를 배반하는 전략'의 예: 'QB하우스'와 '도쿠시마루'

업계의 전통적인 공통 원리를 배반하는 전략을 내세워 성공한 기업으로 QB하우스가 있다. QB하우스는 1000엔에 머리를 잘라주는 이발소 체인이다. 대도시의 역구내 등 사람의 왕래가 많은 곳에서 찾아볼 수 있다.

이발소라는 업종은 기본적으로 '일손이 남는 상태'에서 수익성을 추구한다. 즉, 손님을 기다리지 않게 하는 것이 일반적인 이발소의 사업 원칙이다. 그렇게 하기 위해서는 충분한 인력을 확보하거나 예약제를 시행해야 한다.

하지만 QB하우스는 오히려 '일손 부족 상태'를 유지한다. 일손이 부족하다는 것은 대기 중인 손님이 늘 있다는 뜻이다. 따라서 QB하우스는 기다리는 손님이 항상 있다는 전제하에 비용 곡선을 그릴 수 있었다. 즉, 가동률을 최대치까지 높인 비용 구조를 실현한 것이다. 보통 이발소와 다른 비용 곡선을 도입해 저가 전략에 성공했다. 그 대신 유동인구가 많은 장소에 입지를 정할 필요가 있어, 주로 역 안에 가게를 두고 있다. QB하우스는 단순히 가격을 낮추기만 한 것이 아니라 영업 구조 자체를 바꿨다. 커트에 특화된 이발소로, 물로 머리를 감기는 설비 대신 에어 워셔 등의 전용 설비를 개발했다.

경쟁에서 그냥 가격을 낮추는 것은 소용이 없다. 다른 회사도 똑같이 할 수 있기 때문이다. 그러므로 구조를 바꿔 가격을 낮춰야 한다. 이것이 가격 경쟁에 뛰어들 때의 철칙이다. QB하우스는 전통적인 이발소와 차별화된 비용 곡선(고객 수와 비용의 관계)을 구축한 것이다.

원리를 배반하는 전략으로 성공한 또 다른 사례로, '도쿠시마루'는 소형 트럭에 식료품 등을 싣고 고객이 있는 곳으로 직접 가서 판매하는 '이동식 슈퍼' 체인이다. 이동식 슈퍼는 일본 전역에 약 600만 명이나 있다고 알려진 이른바 '쇼핑 난민(지역의 식료품 점포 감소로 생필품 구입에 불편을 겪는 사람을 일컫는 말-옮긴이)'을 대상으로 한 사업으로, 고객들에게 매우 환영받고 있다. 그 결과 도쿠시마루는 전국 각지에 진출했다.

도쿠시마루는 이동 판매업계에 지금까지와 다른 원리를 도입했다. 이동 판매는 전통적으로 개인 경영 및 영세업자가 주를 이루었지만, 최근 들어 프랜차이즈 방식에 의한 대규모화를 꾀하는 업자도 늘어나고 있었다. 하지만 채소, 빵, 도시락 등 특정 품목에 한정된 서비스가 대부분이었다.

도쿠시마루의 특징은 먼저 상품 수에 있다. 작은 트럭에 약 400품목, 1000여 점의 상품을 구비하고 있다. 도쿠시마루의 비즈니스 모델은 도쿠시마루 본부, 지방 슈퍼, 판매 파트너(개인업주)의 3자 협력에 의해 성립한다. 도쿠시마루 본부는 전용 트럭을 준비한 뒤 지방 슈퍼와 계약을 체결한다. 그리고 트럭을 판매 파트너에게 제공한다. 그러면 판매 파트너가 고객에게 상품을 판매하는 것이다.

도쿠시마루와 판매 파트너가 슈퍼와 맺는 계약은 판매 대행이다. 지방 슈퍼에서 상품을 빌려다 팔고, 남으면 반환하는 계약이다. 따라서 판매 파트너에게 매입 리스크가 없다.

가격은 '플러스 10엔 규칙'으로 통일되어 있다. 이것은 점포에서 파는 가격보다 일률적으로 10엔씩 올려 받는다는 규칙이다. 즉, 도쿠시마루의 비즈니스는 고객에게도 제4의 협력자로서 비용을 조금 부담하게 한다는 사고방식을 채용했다. 결과적으로 도쿠시마루 본부, 슈퍼, 판매 파트너 모두가 이익을 얻을 수 있으며, 고객 또한 이동 판매의 편익을 누릴 수 있다.

도쿠시마루의 사업은 플랫폼 비즈니스, 즉 일종의 중개업이다. 이러한 비즈니스에서는 보완업자인 지방 슈퍼와 판매 파트너의 적극적인 협력이 중요하며 판매 파트너의 수가 늘어날수록 사업이 성장한다. 이는 사이드 간 네트워크 효과를 변형한 것으로도 볼 수 있다. 분산형 사업에 가까웠던 이동 판매업에 네트워크 효과를 도입한 것이다.

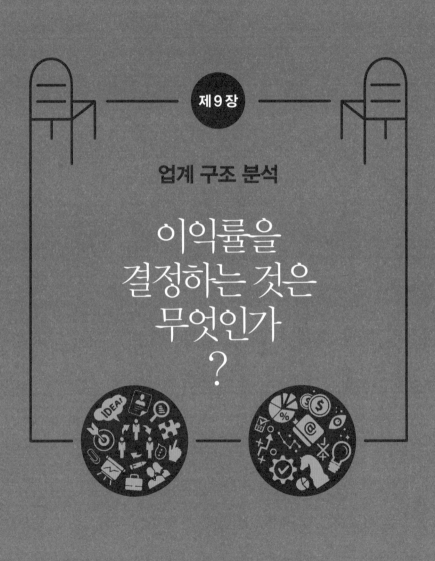

제 9 장

업계 구조 분석

이익률을
결정하는 것은
무엇인가
?

■ 명제 47 ■

# 독점도가 높으면 초과 이윤이 생긴다

경영학 이론에는 인간과 사회에 대한 기본 명제가 들어 있다. 때로는 현실에 적용하기 위한 지침으로서 프레임워크를 제안하기도 한다. 잘 만들어진 이론일수록 의심하지 않고 믿어버리는 사람이 많지만, 현실의 인과관계를 빠짐없이 반영한 이론이나 프레임워크는 원리적으로 존재하지 않는다.

이론을 현실에 적용하는 것은 기본 명제와 몇 가지 개념에 기초해서 '현실에 관한 사고실험을 하는 것'이라고 할 수 있다. 이를 이해하기 위해 제9장에서는 먼저 마이클 포터의 '5세력 모형'에 관해 생각해보려고 한다.

마이클 포터가 제창한 '5세력 모형'에는 여러 중요한 개념이 포함되어 있다. 대체재, 전략 그룹, 포지셔닝 등이 바로 그것이다. 다만 다른 이론에 나오는 개념이 다른 의미로 사용되거나 모호하게 정의된 개념이 등장하기도 한다. 그런 부분도 의식하면서 5세력 모형을 제재로 해서 경영학 이론의 사상과 목적, 개념에 관해 고찰해보자.

5세력 모형의 프레임워크는 173쪽 그림과 같이 설명할 수 있다.

이 그림은 경쟁 전략을 세울 때 경쟁자, 신규 진입자, 대체재, 구매자, 공급자로부터 받는 다섯 가지 세력five forces의 영향을 고려해야 한다고 설명한다.

'five forces'를 '다섯 가지 경쟁 요인'으로 번역하는 경우도 있지만, 정확한 개념은 'force', 즉 '힘'이지 요인factor이 아니다. 이 점에 주의해야 한다.

카페 경영자가 이 그림으로 사업을 분석한다면 가운데의 '경쟁자'는 인근 카페가 되고 '신규 진입자'는 편의점의 카페 서비스 등이 될 것이다. 또한 '대체재'는 인근 패밀리 레스토랑, '공급자'는 원두나 컵 등을 납품하는 거래처, '구매자'는 근방에 사는 사람이나 주변 회사에 다니는 사람들이라는 식으로 사고의 폭을 넓혀나가게 된다. 그리고 이 다섯 가지 세력의 경쟁 관계와 교섭력을 분석함으로써 경쟁 전략 수립에 관한 시사점을 얻을 수 있다.

서두에서도 설명했듯이 경영학 이론이나 프레임워크는 사상을 내포하고 있다. 이 이론은 무엇을 지향하는가? 어떤 전제하에 성립하는가? 이것을 알지 못하면 이론의 올바른 사용 방법을 파악할 수 없다.

5세력 모형은 경제학의 산업조직론을 기본으로 하며, '독점도가 높아지면 초과 이윤이 발생한다'라는 경제학의 기본 명제를 따른다.

영리하게 경쟁해서 독점에 성공하면 이익을 낼 수 있다. 컴퓨터 운영체제 시장을 독점하던 시기의 마이크로소프트 같은 회사가 되

## ▪ 5세력 모형의 프레임워크 ▪

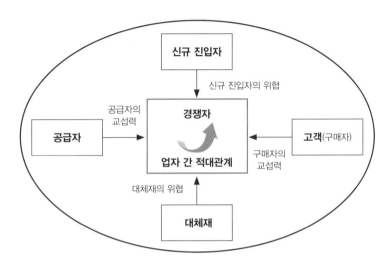

출처: 마이클 포터, 개정판 『경쟁 우위 전략』(다이아몬드사, 1995)

## ▪ '5세력'은 무엇을 결정하는가? ▪

⋯ 업계의 평균 수익률을 결정한다.

⋯ 업계의 성장성과 규모는 결정하지 않는다.

⋯ 5세력의 영향력은 업계 내 전략 그룹에 따라 달라진다.

는 것이 이론상의 목표다. 그리고 앞서 말한 바와 같이 경영학 이론을 공부할 때는 그 이론이 무엇을 설명하려 하는지 정확히 알아야 한다. 즉, 향상하고자 하는 지표, 개선하고자 하는 변수가 무엇인지 명확하게 파악해야 한다.

5세력 모형의 목적 변수는 '업계 평균 이익률'이다. 개별 기업의 이익률을 설명하는 것이 아니라는 점에 주의해야 한다.

따라서 분석 대상은 '기업'이 아니라 '업계'다. 다섯 가지 세력을 분석하면 개별 기업의 전략을 세울 수 있다는 생각은 명백한 오해다. 이 모델은 업계를 분석하는 도구일 뿐 기업을 분석하는 수단이 될 수 없다. 즉, 어떤 업계에서 높은 수익을 얻을 수 있는지 파악하기 위한 이론이다.

이 모델은 '평균'을 다루지만 '평균에서 벗어난 것'은 설명 대상으로 삼지 않는다. 같은 업계에서도 높은 수익을 내는 회사와 그렇지 않은 회사가 있는데, 그 차이는 다섯 가지 세력을 통해 설명되는 것이 아니다.

물론 업계에 속하는 회사가 단 하나밖에 없다면 '업계=기업'이 성립하지만 포터는 그렇게 상정하지 않았다. 그러므로 그림의 중심을 '자사'로 보는 것은 잘못이다.

더 심한 경우 '업계의 성장률'을 설명하기 위해 5세력 모형을 사용하기도 한다. 하지만 재미있게도 경영학에서는, 그런 근본적인 오류를 범한 분석이라도 무언가 의미가 있는 것처럼 느껴진다. 이것이 통계학이나 자연과학과의 차이점이다. 자연과학이나 통계학에서는 이론을 잘못 사용하면 무엇을 분석한 것인지조차 알 수 없다. 그러나 사회과학은 분석 방법에 오류가 있어도 분석에 성공한 듯한 느낌을 준다. 5세력 모형의 중심을 '자사'로 설정하고 분석하는 것은 포터 입장에서 최악의 상황일지 모르지만, 그래도 분석된다는 것이 경영학 프레임워크의 흥미로운 점이다.

5세력 모형에는 소소한 가정이 하나 있다. 업계, 신규 진입자, 대체재, 공급자, 구매자가 서로 이익을 쟁탈하고 있다는 가정이다. 이를테면 자동차 산업에서는 자동차를 조립하는 회사의 '업계'가 '공급자'인 부품 회사에서 부품을 구입해 자동차를 조립한 뒤 '구매자'에게 판매한다. 이때 자동차의 조립으로 창출되는 부가가치를 누가 취할 것인가? 세력이 강한 쪽이 부가가치를 가져가기 때문에 누군가의 이익을 누군가가 빼앗는 구조로 설정되어 있다. 즉, 이것은 이익의 분배에 관한 이론이다. 부가가치를 나눌 때 세력이 영향을 미친다고 상정한다.

제품 제조사의 힘이 강하면 업계 이익률이 높아지지만, 부품 회사의 힘이 강하면 '공급자'가 이익을 빼앗는다. 업계에 '신규 진입 회사'가 있으면 이익의 할당량이 줄어든다. 자동차의 '대체재'로서 새로운 이동 수단이 등장하면 그쪽에 이익을 빼앗긴다. 여러 세력에 이익을 빼앗기는 업계는 최악의 상태라고 볼 수 있다.

그렇다면 세력의 원천은 무엇일까? 포터는 세력을 좌우하는 요인

# ▪ '5세력'의 작용에 영향을 미치는 요소 ▪

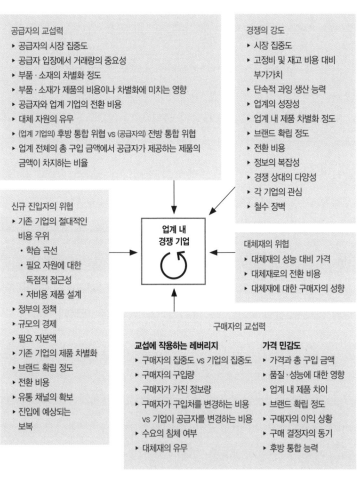

공급자의 교섭력
▸ 공급자의 시장 집중도
▸ 공급자 입장에서 거래량의 중요성
▸ 부품·소재의 차별화 정도
▸ 부품·소재가 제품의 비용이나 차별화에 미치는 영향
▸ 공급자와 업계 기업의 전환 비용
▸ 대체 자원의 유무
▸ (업계 기업의) 후방 통합 위협 vs (공급자의) 전방 통합 위협
▸ 업계 전체의 총 구입 금액에서 공급자가 제공하는 제품의 금액이 차지하는 비율

경쟁의 강도
▸ 시장 집중도
▸ 고정비 및 재고 비용 대비 부가가치
▸ 단속적 과잉 생산 능력
▸ 업계의 성장성
▸ 업계 내 제품 차별화 정도
▸ 브랜드 확립 정도
▸ 전환 비용
▸ 정보의 복잡성
▸ 경쟁 상대의 다양성
▸ 각 기업의 관심
▸ 철수 장벽

신규 진입자의 위협
▸ 기존 기업의 절대적인 비용 우위
  • 학습 곡선
  • 필요 자원에 대한 독점적 접근성
  • 저비용 제품 설계
▸ 정부의 정책
▸ 규모의 경제
▸ 필요 자본액
▸ 기존 기업의 제품 차별화
▸ 브랜드 확립 정도
▸ 전환 비용
▸ 유통 채널의 확보
▸ 진입에 예상되는 보복

업계 내
경쟁 기업

대체재의 위협
▸ 대체재의 성능 대비 가격
▸ 대체재로의 전환 비용
▸ 대체재에 대한 구매자의 성향

구매자의 교섭력

**교섭에 작용하는 레버리지**
▸ 구매자의 집중도 vs 기업의 집중도
▸ 구매자의 구입량
▸ 구매자가 가진 정보량
▸ 구매자가 구입처를 변경하는 비용 vs 기업이 공급자를 변경하는 비용
▸ 수요의 침체 여부
▸ 대체재의 유무

**가격 민감도**
▸ 가격과 총 구입 금액
▸ 품질·성능에 대한 영향
▸ 업계 내 제품 차이
▸ 브랜드 확립 정도
▸ 구매자의 이익 상황
▸ 구매 결정자의 동기
▸ 후방 통합 능력

출처: 마이클 포터, 『경쟁 우위 전략』(다이아몬드사, 1985)

을 목록으로 정리했다. 그러나 요인의 영향력을 실제로 검증한 것은 아니다. 예를 들어 '경쟁의 강도'에 영향을 주는 요인으로 '시장 집중도'를 들고 있으나, 시장 집중도와 기존 기업 간 경쟁 관계를 명확하게 정의하지는 않는다. 예를 들어 업계에 속하는 기업이 두 곳밖에 없다면 경쟁은 잠잠해질 것으로 예상되지만, 세 곳인 경우는 어떨까? 업계 내 기업이 100개로 늘어난다면 어떻게 될까? 이러한 사항에 대해서는 설명되어 있지 않다. 스스로 궁리하는 수밖에 없다.

'업계의 성장성'이라는 요인도 제시되어 있는데, 그렇다면 성장성이 낮을 때와 높을 때 중 언제 경쟁이 더 치열할까? 이 또한 절대적인 대답을 내놓기 어렵다.

또 한 가지 주의할 점은 요인을 분할해나가는 분석 기법의 근본적인 문제로, 요소 간의 상호작용을 고려하지 않는다는 점이다. 각각의 요소를 다른 요소에서 분리해 '이런 영향이 있다'라고 결론짓는 것은 현실성이 없다. 실제로는 복수의 요소가 뒤얽혀 있을 가능성이 높다. 5세력 모형은 요인을 제시할 때 각 요소의 상호관계를 분석 대상으로 두지 않는다.

그렇지만 5세력 모형은 수많은 요인을 체크리스트 형식으로 만들어놓았기 때문에 '이런 점을 분석해볼까?' 하고 주의를 환기하는 효과가 있다.

# 업계 추상도를 분명하게 설정해야 한다

지금까지는 '업계'를 명확히 정의하지 않았다. 하지만 '업계'란 무엇이며, 그 안에 어떤 회사가 속하는지 정하지 않으면 업계의 구조를 분석할 수 없다. 그렇다면 '업계'를 어떻게 정의해야 할까? 이 문제는 제3장에서 설명한 '자의성'과 관련이 깊다.

예를 들어 와세다 대학의 전략을 5세력 모형으로 분석한다고 해보자. 이때 와세다 대학이 속하는 업계를 어떻게 정하면 좋을까? 일본의 모든 대학을 포괄한 '대학업계'로 정할 수도 있고 '사립대학업계'로 한정할 수도 있다. 사립대학으로 한정하면 게이오기주쿠 대학은 업계에 포함되지만 히토쓰바시 대학은 포함되지 않는다. '업계'의 설정에는 무수한 경우의 수가 존재한다. 문부과학성이 인허한 고등교육기관을 모두 포함해 '고등교육기관업계'로 설정할 수도 있다. 이 경우 전문대학이나 사회인 대상 교육기관도 같은 업계에 포함된다.

어떤 기업이 업계에 속하는지 결정하는 과정은 5세력 모형에서 매우 중요하다. 업계의 정의를 분명히 하지 않으면 경쟁 관계를 분석할 수 없다. 제대로 결정하지 않으면 상대가 경쟁자가 될 수도, 혹은 대체재가 될 수도 있으므로 포지션을 확정할 수 없다.

포터는 업계를 '서로 대체 가능한 제품을 만드는 회사의 집단'이라고 정의했다. 이는 경제학에서 차용한 것으로 추상도가 상당히 높은 정의다. 얼핏 명료해 보이지만 '대체 가능성'이라는 개념을 어떻게 보느냐에 따라 업계의 범위가 크게 바뀐다.

사업을 분석할 때 추상도의 설정은 무척 중요하다. 추상도에 따라 경쟁 상대가 달라진다. 추상도를 높이면 무엇이든 대체재가 될 수 있다. 예를 들어 '돈의 쓰임새'라는 관점에서 보면 자동차는 아파트의 대체재가 될 수도 있다. 영화나 노래방을 '시간의 쓰임새'라는 관점으로 보면 텔레비전이 대체재가 될지도 모른다. 하지만 대체재를 '비슷한 금액이 드는 것' '비슷한 시간을 소모하는 것'이라고 정의하면 추상도가 지나치게 높아 비즈니스 전략상 전혀 의미가 없다. 실무에서는 추상도를 낮춘 구체적인 정의가 요구된다.

예를 들어 음식 관련 회사를 분석하는 경우, '회사원의 점심 식사'라는 범위와 '외식'이라는 범위에서 생각할 때 각각의 대체재가 다르다. 범위를 더 넓혀서 '식사'라고 하면 편의점 도시락이나 집에서 손수 만든 요리도 대체 가능한 대상에 포함된다.

추상도를 너무 높이지 않으려면 '기술이 동일한 것' 또는 '기능이 동일한 것'을 대체재로 간주하는 방법이 있다. 예를 들어 햄버거 체인의 경우, 기술이 동일한 것을 대체재로 간주해 '다진 고기를 뭉쳐서 구운 햄버그스테이크를 빵 사이에 끼운다'라는 점에 착안하면,

## ▪ '업계'란 무엇인가? ▪

···→ '서로 대체 가능한 제품을 만드는 회사의 집단'(포터)

···→ 맥도널드는 '햄버거업계'에 속하는가, '패스트푸드업계'에 속하는가, '외식업계'에 속하는가?

## ▪ 산업과 업계와 전략 그룹 ▪

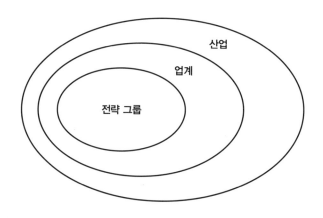

맥도널드와 롯데리아는 대체 가능하지만 맥도널드와 라면집은 대체할 수 없다.

기능이 동일한 것을 대체재로 간주해 '허기를 채운다'라는 기능에 주목하면 햄버거, 라면, 메밀국수는 각각 서로의 대체재가 된다.

대체성에는 '정도'의 차이도 존재한다. 점심을 맥도널드에서 해결하는 일이 잦은 사람이라도 가끔은 규동이나 라면을 먹는다. 매일같이 '무엇을 먹을까?' 망설이는 경우, 완전한 대체재이지만 망설이는 날이 한 달에 한 번뿐이라면 대체성이 낮다고 볼 수 있다. 따라서 대체성 정도를 파악해야 한다. 이를 고려하지 않는 한 대체성을 정의 내릴 수 없다.

대체 가능 여부를 알려면 먼저 대체성의 추상도 수준을 정해야만 한다. 그런 다음 대체성 정도를 결정한다. 이런 과정을 거치지 않으면 맥도널드라는 회사가 햄버거업계에 속하는지, 패스트푸드업계에 속하는지, 외식업계에 속하는지 알 수 없다. 그러므로 '대체 가능'이라는 개념만 가지고는 업계가 하나의 범위로 정해지지 않는다. 5세력 모형은 분석의 출발점이 명확하지 않다는 뜻이다.

전략 컨설팅 회사에 다니는 당신이 햄버거 체인의 컨설팅 의뢰를 받았다고 하자. 햄버거업계부터 분석하겠는가, 패스트푸드업계부터 분석하겠는가, 아니면 외식업계부터 분석을 시작하겠는가. 정답은 따로 없으므로 스스로 결정하는 수밖에 없다.

# 포지셔닝에 따라 힘 작용이 다르다

5세력 모형은 업계 평균 이익률을 설명하는 이론으로 개별 기업의 전략을 세우기 위한 이론이 아니지만, 세부적 분석의 실마리를 제공하기 위해 '전략 그룹'이라는 개념을 제시한다. 다섯 가지 세력은 업계 전체에 동일한 영향력을 행사하지만 전략 그룹에 따라 영향력을 받아들이는 정도가 달라 이익률에 차등이 생긴다.

5세력 모형에서는 이 전략 그룹이라는 개념이 중요하다. 다섯 가지 세력을 분석하는 것이 중요하다고 생각하는 사람도 많지만 사실 핵심은 전략 그룹이다. 5세력 모형은 전략 그룹이라는 개념이 합쳐져야 비로소 빛을 발한다.

전략 그룹이란 업계에서 비슷한 기업들을 묶어 그룹으로 만든 것이다. '대학업계'로 예를 들면 와세다 대학과 게이오 대학은 모두 사립 종합대학이며 국가에서 할당받는 예산도 비슷한 수준이므로 같은 전략 그룹으로 묶을 수 있다. 그러나 의학부의 유무를 기준으로 하면 와세다 대학은 게이오 대학과 같은 전략 그룹에 들어가지 않는다.

이러한 차이에 의해 다섯 가지 세력의 영향력이 달라진다는 것은 무슨 뜻일까? 예를 들어 같은 텔레비전 제조 회사라도 액정 패널을 직접 만드는 회사는 '공급자'에게서 구매할 필요가 없다. 그러므로 액정 패널을 외부에서 구매하는 회사에 비해 '공급자'에 대한 교섭력이 강하다. 따라서 이익률에도 차이가 나타나는 것이다.

전략 그룹을 도입하면 5세력 모형의 의미가 바뀐다. 원래 5세력 모형은 업계의 수익성을 파악해 그 업계에 진출할 것인지 판단하는 도구다. 하지만 전략 그룹을 첨가함으로써 전략 그룹의 수익성을 분석해 해당 그룹으로 이동할 것인지 판단하는 도구로 바뀐다.

예를 들어 대체재의 위협이 극심한 상황이라면 대체재의 세력이 덜 작용하는 그룹으로 이동하는 편이 좋다. 휴대전화의 보급이 급속히 진행되던 시절, 카메라를 탑재한 휴대전화가 속속 등장하기 시작했다. 이는 카메라의 대체재로 간주할 수 있다. 이러한 상황에서 취해야 할 전략은 카메라가 달린 휴대전화의 위협을 받지 않는 그룹, 이를테면 고급 일안반사식 카메라를 취급하는 그룹으로 이동하는 것이다.

또한 지금까지 일반 소비자를 대상으로 사업을 해온 기업이 법인 대상 비즈니스로 사업을 전환하면 업계는 바뀌지 않지만 전략 그룹이 바뀐다. 5세력 모형은 이러한 경영 판단의 힌트가 된다.

포터의 이론에서는 업계 내 어떤 전략 그룹에 들어갈지 결정하는 것을 '포지셔닝'이라고 한다. 어떤 전략 그룹에 소속될 것인가, 혹은

## ▪ '전략 그룹'이란 무엇인가? ▪

···· 각 전략 차원상 같은 조건을 가지고 있거나 유사한 전략을 취하는
　　기업의 모임
···· 전략 그룹은 이동 장벽이 높지 않으면 안정성을 유지할 수 없다.
···· 이동 장벽이 높지 않은 전략 그룹은 이익률이 낮다.


## ▪ 전략 차원의 예 ▪

···· 제품, 고객층, 판매 지역의 전문성
···· 브랜드 지향성
···· 푸시(push)형인가 풀(pull)형인가
···· 유통업자의 선택
···· 품질 정책
···· 기술 경쟁력
···· 수직통합도
···· 비용 경쟁력(비용 면에서의 우위)
···· 서비스 제공도
···· 가격 정책
···· 레버리지(재무, 영업)
···· 모회사와의 관계
···· 자국 및 사업을 하고 있는 국가 정부와의 관계

어떤 전략 그룹을 만들어낼 것인가, 이것이 바로 포지셔닝이다(포터는 '선택한다'라는 표현을 사용했으며, 전략 그룹의 '창출'이라고까지는 언급하지 않았다).

이렇게 이해하면 5세력 모형이 일관적이라는 사실을 알 수 있다. 업계 어디에 위치해도 다섯 가지 세력이 작용하지만, 어느 전략 그룹에 있느냐에 따라 세력이 미치는 정도가 다르다. 평균적으로 수익성이 낮은 업계에 있어도 포지셔닝을 잘하면 수익을 높일 수 있다. 그러므로 빨리 수익성이 높은 그룹으로 이동하는 편이 좋으며, 이미 그 그룹에 있으면 안심할 수 있다고 말한다.

덧붙이자면 '포지셔닝'이라는 용어는 제14장에서 설명할 'STP'에서도 등장하지만 포터가 말한 포지셔닝과는 의미가 다르다. 경영 전략이나 비즈니스 모델에 관해 이야기할 때 포지셔닝이라는 말을 자주 사용하는데 그것이 5세력 모형의 포지셔닝인지, STP의 포지셔닝인지, 혹은 또 다른 의미의 포지셔닝인지 서로 인식이 헷갈리지 않도록 주의해야 한다.

전략 그룹으로 이야기를 되돌리면, 그룹 간의 이동은 그리 간단하지 않다. 포터는 전략 그룹 간 이동에 관해 다음과 같이 말했다. "전략 그룹은 이동 장벽이 높지 않으면 안정성을 유지할 수 없다."

이동 장벽이라는 개념은 경제학에서 가져온 전통적인 사고방식이다. 다만 경제학에서는 보통 업계와 업계 사이를 이동할 때 이동 장벽이 있다고 말한다. 포터는 이 이동 장벽이라는 개념을 전략 그룹에 사용했다. 이동 장벽이 높지 않은 전략 그룹은 안정성을 유지하기 어렵다. 따라서 그 전략 그룹의 이익률은 낮아질 수밖에 없다고 설명했다. 이 또한 경제학에서 차용한 명제다.

이익률이 높은 그룹이 있으면 모두가 들어가려고 하기 때문에 내부 경쟁이 심해져 결국 이익률이 떨어진다. 하지만 이동 장벽이 높아 진입이 어려운 그룹의 경우에는 이익률이 유지된다. 경제학에 오류가 있지 않는 한 이것은 늘 성립한다.

대학업계로 말하자면 '입지'라는 요소가 높은 이동 장벽으로 작용한다. 편리한 장소에 캠퍼스를 가지고 있다는 점은 쉽게 모방할 수 없다. 그러므로 '편리한 장소에 입지한 대학'이라는 전략 그룹은 다섯 개의 세력에 의해 이익을 빼앗기는 일이 드물다.

전략 그룹을 선택하려면 이동 장벽의 분석이 필요하다. 포터는 전략 그룹을 나누는 기준으로서 '전략 차원'이라는 개념을 사용했다. 즉, 전략 그룹이란 '각 전략 차원상 같은 조건을 가지고 있거나 유사한 전략을 취하는 기업의 모임'이라고 정의할 수 있다.

포터는 전략 차원의 다양한 예를 제시했지만 그 개념을 확실히 정의하지는 않았다. 전략 차원은 그 밖에도 무수히 많으므로, 제시한 항목 중에서 어느 것을 사용할지 고민하기보다 떠오르는 요소를 전부 분석해보기를 권한다. 물론 분석을 무한정 거듭할 필요는 없으며 이동 장벽이 높은 요소에만 중점을 두고 분석하면 된다.

# '세 가지 기본 전략'은 전략 그룹 이론에 흡수된다

마이클 포터의 이론 중 '세 가지 기본 전략'도 널리 알려져 있다. 세 가지 전략이란 차별화 전략, 비용 우위 전략, 집중화 전략을 가리킨다. 이 세 가지는 사실 전략 그룹을 전략 선택 관점에서 분류한 것이라고 볼 수 있다.

차별화 전략이란 전략 차원의 격차를 만드는 것이다. 기술 면에서 격차를 벌릴 수도 있고 브랜드 파워로 앞서나갈 수도 있으며, 수직 통합으로 차별화를 꾀할 수도 있다. 즉, 어떤 '차이'를 만듦으로써 전략 그룹을 형성한다.

비용 우위 전략이란 단순히 가격을 할인하는 것과 다르다. 저비용으로 생산할 수 있는 능력을 갖추고 있는지 묻는 구조적 문제다. 생산 비용을 낮추는 기술을 가지고 있거나 현장 노하우가 축적되어 있으면 같은 제품을 더 싸게 만들 수 있다. 이것은 이동 장벽으로 작용한다.

집중화 전략은 상대적으로 규모가 작은 전략 그룹에 집중하는 것이다. 규모가 작아 차별화나 비용 우위를 달성하기 위한 투자 비용도 적게 들어간다. 단, 이렇게 형성된 전략 그룹은 이동 장벽을 높게 만들지 않으면 큰 전략 그룹에 있던 기업이 뒤따라 들어올 가능성이 있다.

여기서 주의할 점은 집중화 전략에도 차별화와 비용 우위가 포함된다는 점이다. 사실 집중화 전략은 전략 그룹의 규모를 표현한 개념으로, 차별화 및 비용 우위와는 별개로 보아야 한다. 어쨌든 세 가지 기본 전략은 결국 전략 그룹 이론에 흡수된다는 사실을 알 수 있다.

▪ 세 가지 기본 전략 ▪

| | 저비용 | 차별화 |
|---|---|---|
| 넓은 타깃 | 비용 우위 | 차별화 |
| 좁은 타깃 | 비용 집중 | 차별화 집중 |

■ 명제 51 ■

# 포터 이론이 의미를 잃는 업계도 있다

5세력 모형을 통해 업계 간 또는 전략 그룹 간 평균 이익률의 차이는 설명할 수 있지만 개별 기업의 이익률 차이는 설명할 수 없다. 같은 전략 그룹에 속한 기업이라도 이익률은 각각 다른데, 5세력 모형은 그 차이를 설명하지 못한다. 와세다 대학과 게이오 대학이 같은 전략 그룹에 속한다고 할 때 어느 쪽의 이익률이 더 높은지 분석하는 이론이 아니라는 것이다.

따라서 포터의 이론이 의미를 지니려면 어떤 조건을 충족해야 한다. 이를 나타낸 것이 다음 세 가지 그림이다.

포터 이론은 190쪽의 ①번 그림과 같은 구조를 암묵적으로 상정한다. 즉, 평균 이익률이 높은 그룹의 기업은 평균 이익률이 낮은 그룹의 기업에 의해 따라잡히는 일이 없다고 가정한다. m1 그룹의 기업은 m2 그룹의 기업보다 이익률이 높으며, m2 그룹의 기업은 m3 그룹의 기업보다 이익률이 높다. 즉, 평균 이익률이 높은 그룹의 최하위 기업이 낮은 그룹의 1위 기업을 이긴다는 뜻이다.

이런 구조에서는 전략 그룹의 선택이 절대적인 의미를 지닌다. 이

## ▪ 사업 형태와 경쟁력 분포의 관계 ① ▪

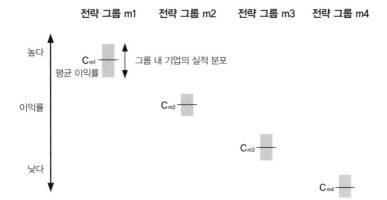

사업 형태의 차이에 따라 평균 이익률의 우열이 결정된다. 개별 기업의 독자적 자원에 의해 동일 사업 형태에서도 우열이 나뉘지만 근본적으로 더 경쟁력 있는 사업 형태의 기업은 앞지를 수 없다(사업 형태에 따른 완전 결정론).

익률이 높은 전략 그룹에 들어감으로써 다른 그룹의 기업보다 많은 돈을 벌 수 있다. 따라서 어떤 전략 그룹에 들어가느냐가 매우 중요하다. 반대로 전략 그룹을 잘못 택하면 이후 아무리 노력해도 성공할 수 없다. 이런 구조의 경우 포터의 전략 그룹 이론이 더없이 유효하다.

191쪽의 ②번 그림과 같은 구조에서도 포터의 이론이 어느 정도 의미 있다. 전략 그룹별 이익률 분포가 겹친다고 해도 평균 이익률이 높은 그룹의 1위 기업을 낮은 그룹의 1위 기업이 추월하는 일은

## ▪ 사업 형태와 경쟁력 분포의 관계 ② ▪

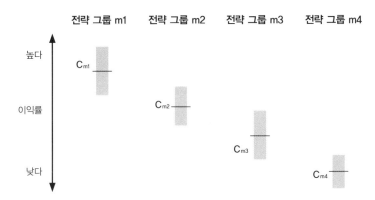

전략 그룹 m1    전략 그룹 m2    전략 그룹 m3    전략 그룹 m4

높다

이익률

낮다

$C_{m1}$

$C_{m2}$

$C_{m3}$

$C_{m4}$

사업 형태의 차이에 따라 평균 이익률의 고저가 정해진다. 개별 기업의 독자적 자원에 의해
동일 사업 형태 내 이익률 분포가 흩어진다. 단, 어떤 사업 형태의 1위 기업 이익률은 평균 이
익률이 더 높은 사업 형태의 1위 기업 이익률을 상회할 수 없다(사업 형태의 지배적 제약론).

없다. 이익률이 높은 그룹 m1의 하위 기업이 그보다 낮은 그룹 m2
의 1위 기업에 따라잡히는 일은 있어도, 1위끼리 비교하면 전략 그
룹의 평균 이익률 순위와 동일한 결과가 나오는 구조다.

이러한 구조라면 전략 그룹을 잘 선택하고 그 안에서 열심히 하면
다른 전략 그룹의 기업보다 많은 이익을 얻을 수 있다.

그러나 192쪽의 ③번 그림과 같은 구조의 업계에서는 포터의 이
론이 의미를 잃는다.

그룹 내 이익률 분포가 매우 불규칙해서 평균 이익률이 낮은 전략

## ▪ 사업 형태와 경쟁력 분포의 관계 ③ ▪

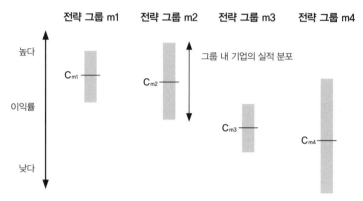

독자적 자원의 차이에 따라 이익률의 우열이 나뉜다. 전략 그룹에 따라 이익률이 결정되지 않고
개별 기업의 독자 자원이 경쟁의 승패를 결정한다(독자적 자원 결정론).

그룹에도 아주 높은 이익을 내는 회사가 존재한다. 평균 이익률은
m1 그룹이 더 높지만 1위 기업의 이익률은 m2 그룹 쪽이 높다. 이런
환경에서는 포지셔닝을 수정하지 않더라도 이익률을 높일 수 있다.
어떤 그룹에 속해 있어도 그룹의 1위 자리에 올라가면 많은 돈을 벌
어들일 가능성이 있다.

실제로 네고로·이나바(2009)의 실증 연구로 대부분의 업계는 ②번
그림(사업 형태의 지배적 제약)과 같은 형태라는 것이 밝혀졌다. 같은 업계
에 있어도 전략 그룹이 다르면 평균 이익률에 차이가 있으며 개별 기
업은 그 제약 아래에서 경쟁한다. 대부분의 업계는 그렇게 되어 있다.

# '장벽'에는 세 개의 차원이 있다

업계의 평균 이익률, 전략 그룹의 평균 이익률, 개별 기업의 이익률을 설명할 때는 '장벽'을 세 개의 차원으로 분류하는 방법이 유효하다.

업계의 평균 이익률은 업계에 대한 '진입 장벽'에 의해 결정된다. 전략 그룹의 이익률은 그룹 간의 '이동 장벽'에 의해 정해진다. 그리고 전략 그룹 내 개별 기업의 이익률은 각 기업의 '독자 장벽'에 따라 좌우된다.

예를 들어 철강업계에서는 용광로가 없으면 철을 제조할 수 없다. 용광로 한 개를 제작하려면 약 4000억 엔이 든다. 그러므로 현재 일본에서 용광로를 만들어 철강업을 새로 시작하려는 사람은 없다. 이것이 진입 장벽이다. 그리고 철강업계에는 수직통합이 이루어진 기업과 그렇지 않은 기업, 즉 최종 제품의 영역에 근접한 기업과 그렇지 않은 기업이 있다. 이는 전략 그룹의 차이로 볼 수 있다.

게다가 같은 전략 그룹 내 기업들 간에도 격차가 있다. 이를테면 철강 회사 신니혼제철新日本製鐵은 자동차용 강판 생산에서 다른 기업보다 앞선다. 고장력 강판에 관한 기술력을 지니고 있기 때문이다. 녹이 덜 슬게 하는 기술, 도장하기 쉽게 만드는 기술 등 다양한 독자적 기술을 보유하고 있다. 그런 것을 신경 쓰는 곳은 일본 자동차 회사밖에 없을지 모르지만, 토요타자동차같이 세세한 부분까지 엄격하게 따지는 기업은 분명히 존재한다. 그렇기 때문에 신닛테츠가 우위에 설 수 있는 것이다. 이것이 독자 장벽이다.

## ▪ 이익의 원천이 되는 '3층 구조 장벽' ▪

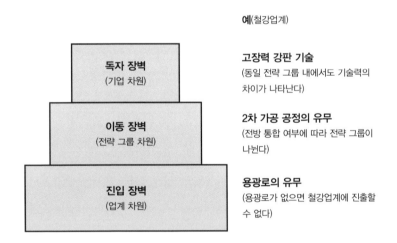

**예**(철강업계)

**고장력 강판 기술**
(동일 전략 그룹 내에서도 기술력의 차이가 나타난다)

**2차 가공 공정의 유무**
(전방 통합 여부에 따라 전략 그룹이 나뉜다)

**용광로의 유무**
(용광로가 없으면 철강업계에 진출할 수 없다)

참고: 네고로(2005), 루멜트(1984), 마호니·판디안(1992)

제11장에서 소개할 자원 기반 전략론에서는 이익률을 두 단계로 설명한다. 그것은 진입 장벽과 독자 장벽이다. 거기에 이동 장벽을 더해 3층 구조로 만든 것이 나의 독자 이론이다. 리처드 루멜트Richard P. Rumelt가 3층 구조에 가까운 논리를 펼친 적이 있으므로 완전히 최초라고는 할 수 없지만, 종래의 자원 기반 이론을 발전시킴으로써 후술할 데이터를 설명할 수 있게 되었다.

이동 장벽을 추가하는 의미를 포터식으로 말하면 '전략 그룹의 차이'라고 할 수 있지만, '비즈니스 모델의 차이'로 설명할 수도 있다. 즉, 비즈니스 모델(사업 형태)의 선택은 매우 중요하다. 어떤 비즈니스 모델을 택하느냐에 따라 이익률이 결정된다. 경영자 중에는 현장을 파악해 일에 몰두하는 것이 중요하며 비즈니스 모델 같은 것은 별로 중요하지 않다고 말하는 사람도 있는데, 이는 잘못된 생각이다.

물론 직원의 동기 부여 등 경영자의 수완에 좌우되는 부분도 존재하지만 그것은 독자적인 자원의 하나로 볼 수 있다. 그전에 어떤 비즈니스 모델을 취하느냐가 대략적인 이익률을 결정한다. 사업 형태를 바꾸면 평균 이익률도 달라진다. 따라서 비즈니스 모델을 어떻게 설계하느냐가 중요한 것이다.

# 사업 형태별 평균 이익률 분석

기업의 이익률을 3층 구조로 설명한 자료를 소개하려고 한다. 주요 업계의 상장 기업을 대상으로 영업 이익률의 평균치를 분석한 자료다. 2005년까지 3년간 데이터를 사용한 것이어서 조금 오래되긴 했지만 이동 장벽과 독자 장벽의 의미를 이해하는 데는 도움이 될 것이다.

일상용품 소매업은 포터의 이론이 가장 유효한 업계다. 이 중 대형 편의점은 이익률이 가장 낮은 회사도 그 수치가 15퍼센트에 달한다. 하이퍼마켓이나 100엔 숍 회사가 아무리 애써도 편의점 그룹 최하위 회사의 이익률에 미치지 못한다. 즉, 전략 그룹을 선택함과 동시에 이익률이 결정되는 경향이 있다. 이는 비즈니스 모델을 선택하는 것이 얼마나 중요한지 말해준다.

편의점 중에서도 세븐일레븐 재팬은 다른 회사를 멀찍이 제치고 압도적으로 높은 이익률을 자랑한다. 이는 세븐일레븐 재팬의 독자 장벽이 높기 때문이라고 해석할 수 있다.

운수업은 그룹별 평균 이익률에 차이가 있고, 그룹 내 개별 이익률 분포는 제각각이다. 평균 이익률이 가장 높은 장거리 철도에 속하는 것은 JR동일본, JR동해, JR서일본이다. 한편 근거리 철도는 그룹 내 개별 이익률의 분포 범위가 넓다. 어느 지역에서 운행하느냐에 따라 차이가 있기 때문이다.

은행업은 초대형은행, 신탁은행, 지방은행 등으로 분류되어 있는데, 재미있게도 이익률은 큰 차이가 없다. 평균 이익률은 거의 동일한 수준이다.

자동차 제조업의 흥미로운 점은 토요타계, 혼다계, 닛산계의 평균 이익률이 크게 다르지 않다는 것이다. 대신 그룹 내 개별 이익률의 분포 범위가 넓다. 토요타

## 자동차 제조업

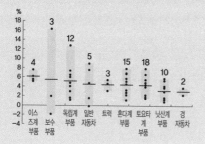

## 일상용품 소매업

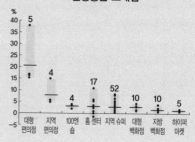

## 음료 제조업

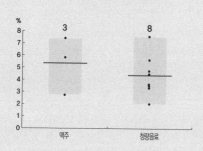

## 운수업

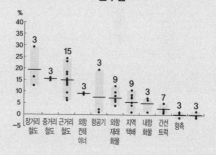

## 요식업

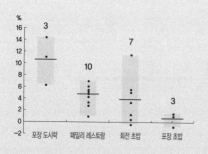

## 은행업

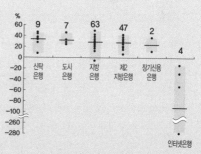

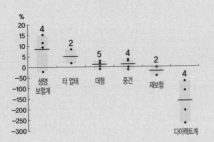

손해보험업

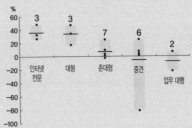

증권업

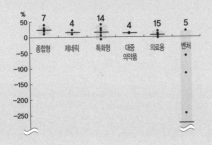

의약품 제조업

그룹에 있든 혼다 그룹에 있든 닛산 그룹에 있든, 잘 버는 곳은 잘 번다는 뜻이다.

제9장에서는 포터 이론의 소개로 시작해 사업 형태가 이익률을 어느 정도 제약하는지 알아보았다. 그리고 마지막으로 사업 형태가 개별 기업의 이익률을 얼마나 좌우하는지, 자원의 3층 구조 이론을 추가해 실증 데이터로 제시했다. 결론을 말하자면, 대부분의 업계는 사업 형태의 지배적 제약론이 적용된다.

단, 실증이란 이론적 상정에 의해 현실의 특정 측면을 설명하는 것으로, 현실의 인과관계 자체가 그렇다고 말하는 것과는 다르다. 3층 구조 이론 역시 '사업 형태의 지배적 제약론'이 성립하는 업계와 그렇지 않은 업계의 차이를 명확히 설명하고 있지 않다. 성립하지 않는 이유는 독자적 자원의 영향력이 강하기 때문이라고 추측할 수 있지만 그것은 3층 구조 이론이 타당하다는 이론적 상정하에 말할 수 있을 뿐이다. 이론을 현실에 적용하는 것은 어디까지나 '상정한 내용을 파고들어 생각해보니 이런 결과가 나왔다'라는 사고실험인 것이다.

이는 제1장에서 언급한 "모든 이론은 부족하거나 지나친 구석이 있다"라는 말과 관계가 있다. 현실의 인과관계를 모두 반영할 수 없다는 의미에서 이론은 부족하다. 또 상황에 따라 구동하지 않을 수도 있는 인과관계를 상정한다는 의미에서 이론은 지나친 구석이 있다.

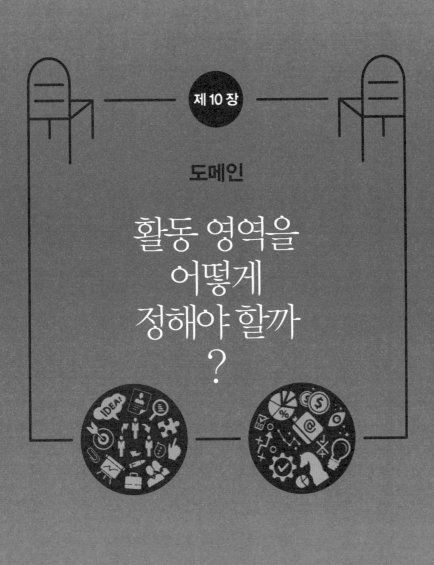

제 10 장

도메인

활동 영역을
어떻게
정해야 할까
?

# 도메인에서 추상도 설정이 중요하다

사업을 성공시키기 위해서는 사업 영역을 정해야 한다. 이는 경영학에서 오래전부터 논의되어온 주제다. 이 이론을 '도메인론'이라고 하며, 도메인이란 사업 활동의 영역이나 범위를 의미한다.

이 장에서는 도메인을 설정하는 의미에 관해 생각해보려고 한다.

첫째, 자원의 분산을 막는 것이다. 기업이 가진 자금이나 인재는 한정되어 있다. 뭐든지 닥치는 대로 손대면 한정된 자산이 뿔뿔이 흩어져버린다. 이를 방지하기 위해서는 도메인을 설정해야 한다.

둘째, 탐색의 분산을 방지하는 것이다. 기업은 새로운 사업을 창출해야 하는데 현재 사업 외 모든 영역을 대상으로 하면 막막해진다.

신사업 담당자를 가장 힘들게 하는 것은 '뭔가 돈이 될 만한 것을 찾아오라'는 말이다. 이런 방법은 거의 의미가 없다. 영역을 지정해 그 안에서 새로운 것을 탐색하는 편이 훨씬 효율적이다.

셋째, 사업 영역을 어느 정도 추상화함으로써 기회손실을 막는 것이다. 도메인이 지나치게 구체적이어서는 안 된다. 경계 설정에는 장점만 있는 것이 아니기 때문이다.

경계를 설정하면 그 안에서 벗어나지 못할 가능성이 있다. 영역이 너무 구체적이면 시야가 좁아진다. 경계 안에 포함되지 않은 것을 자연스레 배제한다. '우리 회사는 국내에서만 경쟁한다'라고 못 박으면 해외 사업을 검토하지 않게 된다. 따라서 *기회손실*을 막기 위해서는 늘 가능성을 열어두고 현재 주력 사업 영역보다 조금 더 큰 도메인을 설정하면 다른 분야에 적극적으로 진출할 수 있다.

도메인 설정이 필요한 이유 중 첫 번째와 두 번째 항목에 따르면, 도메인은 구체적인 편이 좋다. 즉, 추상도가 낮아야 한다. 그러나 세 번째 항목에 따르면 추상도가 높은 편이 좋다. 도메인을 설정할 때는 추상도의 판단이 매우 어렵다. 추상도를 높이지 않으면 기회손실을 막을 수 없지만, 추상도를 높이면 자원의 분산이 일어나거나 기회 탐색 범위가 너무 넓어진다. 예를 들어 초코바만 만드는 회사는 도메인 설정 시 초콜릿 회사, 제과 회사, 식품 회사 중 어떻게 정의할 것인가.

그렇다면 추상도를 어떻게 결정해야 할까? 도메인을 설정하는 이유를 바탕으로 곰곰이 생각해보는 수밖에 없다. '자원이 너무 분산되지 않을까?' '기회손실이 나타나지 않을까?' 하며 하나씩 짚어나간다. 적절한 추상도는 회사의 상황에 따라 달라진다.

도메인을 결정하는 사람은 조직의 형태에 따라 경영자일 수도 있고 기획 담당자일 수도 있다.

## ▪ 도메인 설정 단계 ▪

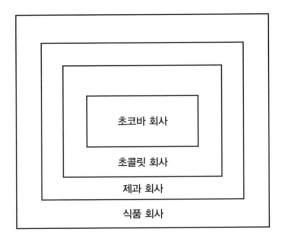

초코바 회사

초콜릿 회사

제과 회사

식품 회사

출처: 필립 코틀러(1980)

## ▪ 도메인 설정이 필요한 이유 ▪

···  영역을 명확히 하여 자원 분산을 막는다.

···  영역을 명확히 하여 탐색의 분산을 막는다.

···  영역에 잠재 영역을 포함시킴으로써 기회손실을 막는다.

# '제품 지향'보다 '시장 지향'이 효율적이다

기회손실을 막기 위해서는 '시장 지향적' 도메인을 설정하는 것이 효과적이다. 시장 지향은 제품 및 서비스 내용을 바탕으로 도메인을 정하는 '제품 지향'과 대비되는 개념이다.

예를 들어 철도 회사의 경우 '철도 운영'이 아니라 '사람과 물건을 운반하는 것'이라고 사업을 정의하면 철도의 경쟁 상대로 자동차나 항공기가 등장했을 때 유연하게 대응할 수 있다.

다만 시장 지향적 정의도 추상도 설정에 유의해야 한다. 예를 들어 '사람의 행복에 공헌하는 회사'라고 정의하면 추상도가 지나치게 높아 거의 모든 사업을 포괄해버린다. 도메인을 정하는 의미를 고려해서 어떻게 표현하는 것이 좋을지 심사숙고할 필요가 있다.

## · 제품 지향 vs 시장 지향 ·

| 기업명 | 제품 지향적 정의 | 시장 지향적 정의 |
|---|---|---|
| 레블론 | 화장품 제조 | 희망 제공 |
| 미주리 퍼시픽 레일로드 | 철도 운영 | 사람과 물자 운반 |
| 제록스 | 복사기기 제조 | 오피스의 생산성 향상 |
| 인터내셔널 미네랄 & 케미컬 | 비료 판매 | 농업 생산성 향상 |
| 스탠더드 오일 | 가솔린 판매 | 에너지 공급 |
| 컬럼비아 픽처스 | 영화 제작 | 엔터테인먼트의 기업화 |
| 브리태니커 | 백과사전 판매 | 정보 생산 및 유통 |
| 캐리어 | 냉난방 장치 제조 | 가정에 쾌적함 제공 |

사업의 성숙기에는 물리적 정의(제품 지향)에서 기능적 정의(시장 지향)로의 이행이 필요해지는 경우가 많다.

출처: 필립 코틀러(1988)

# 도메인에는 세 가지 유형이 있다

도메인 설정은 세 가지 유형으로 나눌 수 있다.

첫째, 다각화 범위를 설정하는 유형이다. 복수의 사업을 운영하는 회사는 다각화 범위를 한정하는 도메인이 필요하다. 새로운 사업에 뛰어들기 위해 어떤 분야에 진출할지 검토할 때, 자원 분산이나 탐색 분산을 막기 위해서는 다각화 영역을 설정해야 한다.

둘째, 사업 부문을 결정하는 유형이다. '우리 회사는 교육 사업을 한다'라고 정했으면 그다음으로는 교육 사업 안에서 어떤 부문을 선택할지 결정해야 한다(제14장 참조). 대학을 예로 들면, 고교 졸업자에 대한 교육뿐만 아니라 사회인이나 주부를 대상으로 한 교육 등으로 사업 부문을 더해 갈 수 있다.

셋째, 사업 콘셉트를 정하는 유형이다. 자신의 사업을 어떤 식으로 꾸려나갈 것인지 결정한다. 예를 들어 슈퍼마켓 사업을 시작한다면 '근처에 사는 주부를 손님으로 하는 슈퍼' '신선식품을 취급하는 슈퍼' '과학적인 관리 기법을 내세우는 슈퍼' 등으로 콘셉트를 정한다. 이를 '사업 정의'라고 부르기도 한다.

도메인이라는 말은 의미하는 바가 여러 가지이므로, 회사에 따라 첫 번째를 가리키기도 하고 두 번째, 세 번째를 가리키기도 한다. 따라서 세 가지 중 어느 것을 가리키는지 주의해야 한다. 또한 도메인을 설정할 때는 어떤 유형의 도메인을 설정하고 싶은지 스스로 의식할 필요가 있다.

도메인론은 다분히 연역적인 논의다. 도메인 이론에는 '경영자는 사업 영역을 사전에 명확히 설정하는 편이 좋다'라는 기본 명제가 숨어 있다. 이것을 인식해두면 도움이 된다.

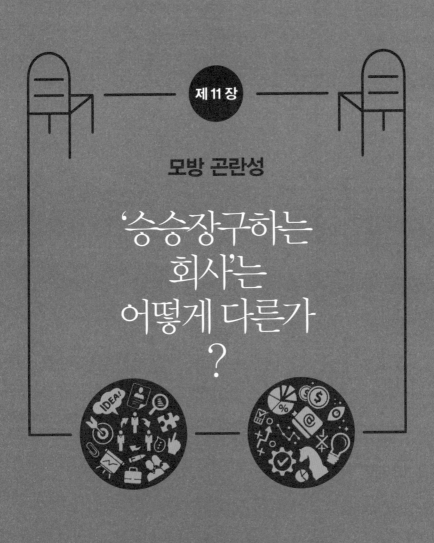

## 제 11 장

모방 곤란성

'승승장구하는
회사'는
어떻게 다른가
?

■ 명제 56 ■

# 능력과 지식이 경쟁력의 원천이다

사업에는 안정성이 필요하다. 그러므로 경쟁에서 지속적으로 이기는 것이 중요하다. 일시적으로 성공했다가 금세 제자리로 돌아가는 회사는 투자자도 종업원도 등을 돌린다.

사업의 지속적인 성공에 관해 논하는 이론은 여러 가지가 있는데, 그중 대표적인 것이 자원 기반 전략론이다. 자원 기반 전략론의 주장은 다음과 같다. "어떤 기업이 뛰어난 성과를 올리는 것은 다른 회사보다 뛰어난 경영 자원과 능력을 지니고 있기 때문이다. 다른 회사가 흉내 낼 수 없는 독자적인 능력과 자원의 축적이 경쟁 우위의 원천이다." 모방하기 어려운 자원, 능력, 지식의 축적이 지속적인 경쟁 우위의 원천이라는 것이 이 이론의 기본 명제다.

자원 기반 전략론이 설명하는 것은 A사와 B사의 실적 차이다. 예를 들어 닛산자동차와 토요타자동차의 이익률 차이를 자원 기반 전략론을 바탕으로 설명하면 다음과 같다. "토요타에는 오랜 기간에 걸쳐 구축한 모방하기 어려운 현장 개선 능력이 있는데, 그것이 닛산과의 가장 큰 차이점이다. 따라서 이익률이 다르다." 또는 이렇게 설명할 수도 있다. "토요타와 닛산의 자원은 수적, 양적, 질적으로 큰 차이가 있다. 그러므로 이익률이 다르다."

자원 기반 전략론의 발전에 기여한 경영학자는 무수히 많은데, 그중 제이 바니가 가장 대표적이다. 이제부터는 바니의 이론을 중심으로 자원 기반 전략론의 의의와 한계를 설명하려고 한다.

'자원'이란 축적 가능한 것으로, 경쟁 우위와 밀접한 관련이 있다. 일반적으로 재무 자본, 물적 자본, 인적 자본, 조직 자본을 이야기하는 경우가 많다.

바니의 저서에는 이러한 내용이 실려 있다. "기업의 경영 자원이란 모든 자산, 능력, 숙련도, 조직 프로세스, 기업 특성, 정보, 지식 등 기업의 통제하에 있는 것으로, 기업의 효율성과 효과성을 개선하기 위한 전략을 구상 및 실행할 수 있도록 하는 자원이다." 이것이 바니가 내린 경영 자원의 정의다.

핵심은 '기업의 통제하에 있다'라는 점이다. 즉, 기업이 통제할 수 없는 것은 자원이 아니다.

자원 기반 전략론에 따르면, 비즈니스에는 모방 곤란성이 필수적이다. 일시적인 성공이 아닌 지속적인 성공을 위해서는 다른 회사에서 쉽게 따라 할 수 없는 무언가가 필요하다. 이 '모방 곤란성'이라는 개념이 무척 중요하다.

## ▪ 자원 기반 전략론의 기본 메시지 ▪

···› 어떤 기업이 뛰어난 성과를 올리는 것은 다른 회사보다 뛰어난 경영 자원과 능력을 지니고 있기 때문이다.

···› 다른 회사가 흉내 낼 수 없는 독자적 능력과 자원의 축적이 경쟁 우위의 원천이다.


## ▪ 기업 내 경영 자원의 종류 ▪

···› 기업의 경영 자원이란 모든 자산, 능력, 숙련도, 조직 프로세스, 기업 특성, 정보, 지식 등 기업의 통제하에 있는 것으로, 기업의 효율성과 효과성을 개선하기 위한 전략을 구상 및 실행할 수 있도록 하는 자원이다.

···› 경영 자원은 일반적으로 다음 네 가지 카테고리로 분류된다.
① 재무 자본
② 물적 자본
③ 인적 자본
④ 조직 자본

출처: 제이 B. 바니, 『기업 전략론』(다이아몬드사, 2003)

■ 명제 57 ■

# 자원에는 역사가 반영되어 있다

자원에는 재미있는 성질이 있다. 자원은 축적이 가능하며, 축적된다는 것은 역사가 반영된다는 뜻이다. 축적은 서서히 이루어진다. 자원 중에는 다른 회사를 매수해야 손에 넣을 수 있는 것도 있지만, 그 회사의 독자적인 역사에서 축적해온 것도 있다. 그런 자원은 귀중하다.

자원의 축적에 주목한 자원 기반 전략론은 마이클 포터의 이론과 발상이 전혀 다르다. 포터의 이론은 업계 평균 이익률이 다섯 가지 세력에 의해 좌우된다고 규정하며 업계 평균 이익률과의 괴리를 전략 그룹, 즉 포지셔닝으로 설명한다.

하지만 자원 기반 전략론은 자원의 차이에 착안해 설명한다. 예를 들어 좋은 아이디어를 떠올린 사람이 새로운 사업을 시작해 큰 성공을 거뒀을 경우, 포터의 이론에 따르면 이는 포지셔닝에 성공한 것이다. 이에 반해 자원 기반 전략론에서는 "먼저 시작했기 때문에 그 사업에 필요한 뛰어난 자원의 축적 기회를 가장 먼저 얻었다"라고 설명한다.

# ▪ 기업 내부의 강점과 약점을 자원에 기초해
# 분석할 때의 네 가지 질문 ▪

---

## ― VRIO 모형

…▸ **경제 가치(value)에 관한 질문**
그 기업이 보유한 경영 자원 및 능력은 그 기업이 외부 환경의 위협과 기회에 적응
할 수 있게 하는가?

…▸ **희소성(rarity)에 관한 질문**
그 경영 자원을 현재 제어하고 있는 것은 극소수의 경쟁 기업뿐인가?

…▸ **모방 가능성(imitability)에 관한 질문**
그 경영 자원을 보유하지 않은 기업은 그 경영 자원을 획득 혹은 개발할 때 비용상
의 불리함에 직면하는가?

…▸ **조직(organization)에 관한 질문**
기업이 보유하는 가치 있고 희소하고 모방 비용이 큰 경영 자원을 활용하기 위해
조직적인 방침과 절차가 마련되어 있는가?

출처: 제이 B. 바니, 『Gaining and Sustaining Competitive Advantage』 2nd Ed. (Pearson, 2002)

---

바니는 자원 기반의 경쟁 우위를 분석하는 도구로서 VRIO 모형을 제안한다. 자원은 경쟁 우위로 이어질 때 가치(V)를 지닌다. 업계 내 많은 참가자가 가지고 있는 자원은 경쟁 우위로 연결되지 않는다. 즉, 자원은 희소성(R)을 지닐 필요가 있다. 그러나 지속적으로 격차를 유지하기 위해서는 추가로 모방 곤란성(I)이 필요하다. 마지막으로 자원은 그것을 활용할 조직(O)을 필요로 한다. 이를테면 토요타의 현장 개선 능력은 이 모든 조건을 충족한다. 따라서 그것은 경쟁 우위의 원천이 되는 자원이라고 말할 수 있다.

　다만 자원은 경쟁력의 원천이기도 하지만 동시에 제약으로 작용할 수도 있다는 점에 주의해야 한다. 자원을 가지고 있으면 그것을 꼭 써야 한다는 생각에 사로잡힌다. 혹은 버려야 할 것을 버리지 못하는 상황이 나타난다. 자원은 경쟁 우위의 원천이지만 때로는 제약이 되기도 한다.

# 모방이 어려운 자원은 희소성이 있다

'모방 곤란성'은 '모방 불가능성'과 다르다. 비즈니스 세계에서 모방할 수 없는 대상은 거의 없다. 완벽하게 똑같이 만들 수는 없을지 몰라도 소비자가 요구하는 기능을 거의 똑같이 제공할 수 있다.

자원 기반 전략론은 모방하기 어려운 자원을 논하는 이론으로, 모방할 수 있느냐 없느냐를 논하는 것이 아니다. 모방하기 어려운 자원이란 희소성이 있는 자원을 말한다.

여기서 희소성이란 다이아몬드처럼 '세상에 소량밖에 존재하지 않는 진귀한 것'을 의미하지 않는다. 업계 안에서 '어느 한쪽에 치우쳐 존재하는 것'이 바로 희소성이다. 즉, 누군가는 가지고 있지만 또 다른 누군가는 가지고 있지 않은 것을 의미한다. 분석 대상 기업 대부분이 가지고 있다면 그것은 희소하지 않다. 다이아몬드가 희소한 것과는 개념적으로 다르다.

결국 희소성이란 나중에 만회할 수 있는 개념이 아니다. 모방이 가능하든 곤란하든 특정 시점에 '얼마나 많은 사람이 가지고 있느냐'를 묻는 개념이다.

# ▪ 렌트의 개념 ▪

'렌트rent'라는 개념은 18세기 초 데이비드 리카도가 경제학에 도입했다. 토지의 비옥한 정도는 토지마다 제각기 다른데, 수요가 충분한 경우에는 황폐한 토지라도 곡물의 재배가 이루어진다. 황폐한 토지에서 곡물을 재배해도 경제적으로 수지가 맞는 경우, 비옥한 토지 소유자는 높은 이익을 얻을 수 있다. 이 '비옥한 토지 소유자=지주'가 얻는 이익이 렌트(지대)가 된다고 리카도는 주장했다. 핵심은 지주에게 높은 지대가 지급되어 곡물 가격이 상승한 것은 아니라는 점이다. 곡물 가격은 수요와 공급에 의해 먼저 결정되고 그 결과로서 지대가 정해진다.

이후 렌트의 개념은 토지뿐만 아니라 '같은 종류의 생산 요소가 받는 보수의 차이'를 일반적으로 가리키는 말로서 경제학에 정착되었다. 예를 들어 어느 산업에 효율이 좋은 기업과 나쁜 기업이 있다고 하자. 이때 한계 비용(추가 1단위 생산에 드는 비용)이 시장 가격과 일치하는 기업은 '효율이 가장 나쁜 기업(한계 기업)'이 되며 이 기업의 한계 이익은 제로가 된다. 이 기업보다 효율이 좋은 기업은 한계 이익을 얻을 수 있다. 이 한계 기업과의 이익 격차를 렌트라고 부른다.

이 경우, 이익을 내는 기업은 공급을 제한해 '부당 이윤'을 얻고 있는 것이 아니다. 생산이 어떤 생산 요소에 의해 제약을 받고(즉, 생산 요소에 희소성이 있음), 생산 요소의 이용 효율이 기업에 따라 다르기 때문에 효율이 좋은 기업에 이익이 발생하는 것이다. 이러한 원리를 이해해야 한다.

그런 의미에서 렌트를 '초과 이윤'으로 번역하는 것은 탐탁지 않다. 초과 이윤에는 '생산 요소의 독점에 의한 이윤'이라는 의미가 들어 있기 때문이다. 렌트는 단순히 '이익' 또는 '이윤'으로 번역할 수 있다. 하지만 렌트라는 개념은 앞서 말한 바와 같이 '희소성이 있는 생산 요소=자원'에 결부된 말로서, 자원 기반 이론에 입각한 이 책에서는 특별한 의미를 지닌다.

출처: 데이비드 콜리스·신시아 몽고메리, 『자원 기반 경영 전략론』(도요게이자이신보사, 2004)

이 개념의 유래를 거슬러 올라가면 영국의 경제학자 데이비드 리카도David Ricardo가 제창한 '렌트rent'라는 개념에 도달한다. 경영학의 유명한 이론은 경제학에서 온 경우가 많은데, 5세력 모형과 마찬가지로 자원 기반 전략론의 개념도 경제학에서 왔다.

렌트란 왜 토지의 가격(지대)이 다른지 설명하기 위해 만들어진 개념이다. 황폐한 토지에서 곡물을 재배해도 경제적으로 수지가 맞는 경우, 비옥한 토지의 소유자는 높은 이익을 얻을 수 있다는 점을 지적하며 이 '비옥한 토지의 소유자'가 얻는 이익을 렌트라고 말한다.

같은 밀을 재배해도 많이 수확할 수 있는 토지와 조금밖에 수확할 수 없는 토지가 있다. 이는 곧 '자원의 차이'에 의해 '이익의 차이'가 발생한다는 것이다.

이를 기업의 생산 활동에 대입하면, 같은 생산 요소를 사용해도 그 이용 효율이 기업마다 다르기 때문에 이익의 차이가 발생한다고 볼 수 있다. 이것이 자원 기반 전략론의 근본적인 발상이다.

여기서 중요한 사실은 '희소성'과 '독점'이 다른 개념이라는 것이다. 경제학에서는 시장을 독점하면 자신에게 유리한 가격을 설정할 수 있지만, 완전 경쟁 상태가 되면 누구도 이익을 낼 수 없다고 주장한다. 이 발상은 5세력 모형의 논리와 정확히 일치한다. 하지만 자원 기반 전략론은 다르다. 독점하든 안 하든 관계없이 희소성 있는 자원을 가지고 있으면 렌트(이익)를 벌 수 있다.

# 활동 시스템성이 모방 곤란성을 높인다

모방 곤란성에 관해 생각할 때 중요한 개념은 자원뿐만이 아니다. 사원의 '활동'도 모방 곤란성과 연관이 있다. 그리고 '자원'과 '활동'이 결합한 '체계'의 완성으로 모방 곤란성은 한층 강화된다.

체계는 바로 '시스템'을 말한다. 시스템에서는 요소의 상호작용과 요소 간 정합성整合性이 가치를 만든다. 즉, '개별 요소'가 아닌 '전체'에 의미가 있다.

포터는 활동의 시스템성이야말로 다른 회사와의 차별화를 불러와 모방 곤란성을 높인다고 지적한다. 즉, 다른 회사에 없는 다양한 요소가 서로 결합함으로써 활동의 상호 의존성이 높은 시스템이 완성되면, 경쟁 우위 및 탁월한 수익성을 획득할 수 있다.

그리고 활동의 내부 정합성을 추구함에 따라 시스템성이 높아지면 다른 회사의 활동 시스템과 '트레이드오프 관계'가 된다. 트레이드오프란 하나를 취하면 하나를 버려야 하는 관계를 말한다. 예를 들어 다른 회사가 성공하는 것을 보고 그 비즈니스 모델을 모방하려고 하면 자사의 비즈니스 모델이 성립하지 않게 된다.

포터는 또한 다음과 같이 말했다. "추구하는 차별화 요소가 달라지면 활동하는 방식이 바뀌며, 제품 규격이나 설비, 종업원의 구조, 기술, 제도 또한 달라진다. 트레이드오프는 이들의 특수화로 인해 발생한다."

■ 명제 60 ■

# 부분을 개선해 기업의 변혁을 실현한다

활동 시스템의 개념을 설명하기 위해 포터는 그물망 형태의 그림을 그렸다.

나는 그 그림을 개조해 각각의 요인을 '자원'과 '활동'으로 나눌 것을 주장한다.

225쪽 그림이 그 예시다. 저비용 항공사<sup>LCC</sup>의 선구자로 알려진 미국의 사우스웨스트항공의 사례를 바탕으로 '활동 시스템 요소 분류'를 나타낸 것이다. 사우스웨스트항공은 두 지방 도시를 직항 편으로 묶는 '2공항 직항' 방식으로 저가를 실현해 크게 성장했다. 그들은 종래의 대형 항공사와 전혀 다른 전략을 내세우고 그것을 실현하기 위해 필요한 자원과 활동을 정합적으로 구성했다(제11장에서 관련 분석을 소개한다).

각각의 요소를 '자원'과 '활동'으로 분류함으로써 활동 시스템 요소 분류를 226쪽과 같은 표로 변환할 수 있다. 이것을 '차별화 시스템' 표라고 한다.

이렇게 정리함으로써 '체계'라는 개념을 정의 내릴 수 있다.

# 사우스웨스트항공의 활동 시스템 요소 분류

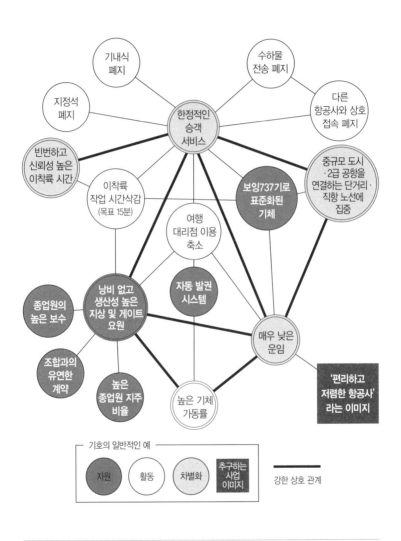

기내식
폐지

수하물
전송 폐지

지정석
폐지

다른
항공사와 상호
접속 폐지

한정적인
승객
서비스

빈번하고
신뢰성 높은
이착륙 시간

중규모 도시
·2급 공항을
연결하는 단거리·
직항 노선에
집중

이착륙
작업 시간삭감
(목표 15분)

보잉737기로
표준화된
기체

여행
대리점 이용
축소

낭비 없고
생산성 높은
지상 및 게이트
요원

자동 발권
시스템

종업원의
높은 보수

매우 낮은
운임

조합과의
유연한
계약

높은
종업원 지주
비율

높은 기체
가동률

'편리하고
저렴한 항공사'
라는 이미지

기호의 일반적인 예

자원  활동  차별화  추구하는
사업
이미지

강한 상호 관계

# ▪ 사우스웨스트항공의 차별화 시스템 ▪

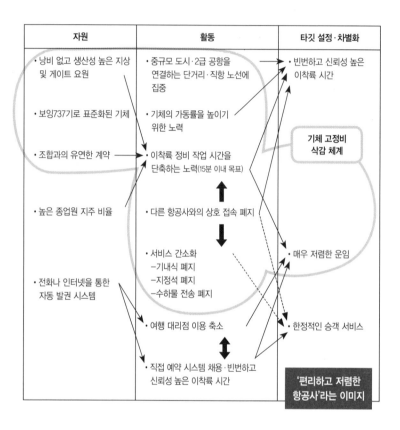

| 자원 | 활동 | 타깃 설정·차별화 |
|---|---|---|
| • 낭비 없고 생산성 높은 지상 및 게이트 요원 | • 중규모 도시·2급 공항을 연결하는 단거리·직항 노선에 집중 | • 빈번하고 신뢰성 높은 이착륙 시간 |
| • 보잉737기로 표준화된 기체 | • 기체의 가동률을 높이기 위한 노력 | 기체 고정비 삭감 체계 |
| • 조합과의 유연한 계약 | • 이착륙 정비 작업 시간을 단축하는 노력(15분 이내 목표) | |
| • 높은 종업원 지주 비율 | • 다른 항공사와의 상호 접속 폐지 | • 매우 저렴한 운임 |
| • 전화나 인터넷을 통한 자동 발권 시스템 | • 서비스 간소화 −기내식 폐지 −지정석 폐지 −수하물 전송 폐지 | • 한정적인 승객 서비스 |
| | • 여행 대리점 이용 축소 | |
| | • 직접 예약 시스템 채용·빈번하고 신뢰성 높은 이착륙 시간 | '편리하고 저렴한 항공사'라는 이미지 |

자원과 활동이 결합하면서 전체 시스템 안에 있는 '부분 시스템'이 보이기 시작한다. 그것을 나는 '체계'라고 부른다.

체계는 '부분'이라는 점이 매우 중요하다. 기업이 자사 고유의 새로운 체계를 도입할 때는 한꺼번에 전체를 바꾸지 않는다. 투자는 부분적으로 이루어진다. 포커라면 모든 카드를 교환할 수 있지만 회사는 그렇지 않다. 기존 기업이 사원 및 설비를 모두 교체하는 것은 불가능하다. 따라서 투자는 부분적으로 할 수밖에 없다.

전체의 정합성과 전체의 모방 곤란성을 확보하기 위한 논의는 중요하다. 하지만 바꿀 수 있는 것은 부분이다. 그러므로 경영자는 경쟁 우위를 실현할 때 전체의 정합성이 중요하다는 것을 의식하면서 '부분'에 대한 투자와 개혁을 어떻게 실행할지 궁리해야 한다.

기업의 변혁은 부분을 개선해나감으로써 실현할 수밖에 없다. 회사 전체를 한꺼번에 바꾸는 것은 불가능하다. 연결되어 있는 전체를 일부러 부분화해서 부분의 변혁을 쌓아나가거나 부분의 변혁을 전체로 파급시켜 전체를 변혁할 수도 있다.

'전체로서의 시스템성, 즉 정합성이 결여되면 절대 강해질 수 없다'는 생각은 고정관념에 불과하다. 모든 요소가 이어진 듯 상호작용하는 것도 중요하지만 변화를 위해서는 고의적으로 부정합<sup>不整合</sup>을 만들어낼 필요가 있다.

전체를 동시에 교체하는 것은 불가능하므로 부분적으로 교체를 실행하면 비즈니스 시스템에 새로운 부정합이 발생한다. 그 부정합

# ▪ 차별화 시스템론의 부분 시스템 ▪

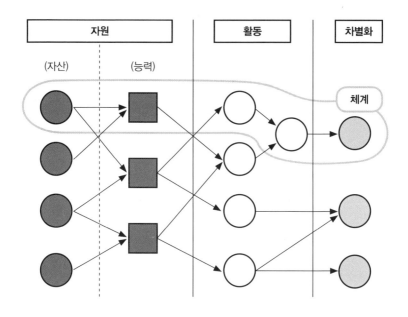

자원과 활동이 결합해 완성되는
'비즈니스 시스템의 부분 시스템'을 '체계'라고 부른다.

이 다음 변화로 이어진다. 따라서 부정합의 존재 자체는 변혁에서 꼭 필요하다.

그렇다면 부분 시스템을 분석하거나 변혁을 제안할 때, 차별화 시스템 표를 어느 방향으로 그려나가면 좋을까?

답은 '차별화' 부분을 먼저 그리고 그것을 뒷받침하는 활동이나 자원이 무엇인지 역으로 추적하는 것이다. 자원이나 활동에서 출발하지 않고 차별화에서 출발한다. 왜냐하면 차별화로 이어지지 않는 자원은 분석의 의미가 없기 때문이다. 그다음에 차별화 요소를 뒷받침하는, 혹은 뒷받침할 수 있는 활동이나 자원을 찾아서 지정한다. 분석을 심화할수록 부분 시스템이 눈에 들어오기 시작한다.

그렇게 되면 투자에 관한 의논이 가능해진다. 새로이 필요한 자원을 확보하려면 얼마를 투자해야 하는지, 투자에 채산성이 있는지 의견을 나눌 수 있다.

자원 기반 전략론은 이익률 차이의 원천을 보유 자원의 차이에서 찾는 이론이다. 자원 기반 전략론을 사고실험을 통해서 분석해 프레임워크화한 것이 바로 차별화 시스템론이다.

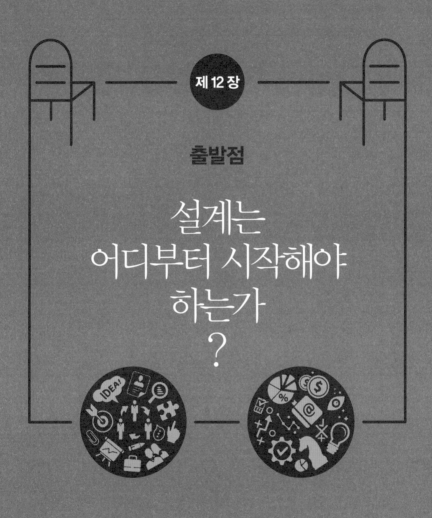

제 12 장

출발점

# 설계는
# 어디부터 시작해야
# 하는가
# ?

■ 명제 61 ■

# 사업의 구조에 관한 '의도'를 정리한다

나는 '비즈니스 모델'의 뜻을 다음과 같이 정의한다.

비즈니스 모델＝사업의 구조에 관한 '의도'를 정리한 설계도

'이런 사업을 하고 싶다'라는 구상을 정리한 것이 비즈니스 모델이다. 담겨 있는 요소나 설계 범위는 사람마다 다르지만, 사업 활동의 골자를 대략적으로 나타낸 설계도를 비즈니스 모델이라고 한다.

비즈니스 모델이라고 하면 대개 '돈을 버는 구조' 등으로 설명하며, 특히 이익을 내는 방법에 주목하는 사람이 많다. 하지만 나의 정의는 더 넓은 뜻을 포괄한다. 수입을 얻기 위해서는 고객에게 가치 있는 제품이나 서비스를 제공해야 하며 운영(그날그날의 사업 활동)의 기본적 구조를 경쟁자에게 뒤지지 않도록 설계해야 한다. 또 수입에 관한 '의도'를 실현하기 위해서는 수입뿐만 아니라 사업 구조 전체를 생각해야 한다.

# ▪ 명제 62 ▪

# 적어도 세 가지 모델이 필요하다

비즈니스 모델에 관한 책을 읽어보면 대부분 "이 프레임워크에 맞춰 분석하면 모델을 만들 수 있다"라고 주장한다.

하지만 그런 것은 있을 수 없다. 고객과의 관계도나 공급자와의 관계도 따위를 그린다고 해서 사업 설계가 완료되지는 않는다. 비즈니스는 여러 가지 요소가 서로 뒤얽혀 만들어진다. 부분은 설계할 수 있어도 전체를 설계할 수는 없다.

비즈니스 모델의 설계에는 적어도 세 가지 모델이 필요하다. 세 가지 모델이란 전략 모델, 운영 모델, 수익 모델을 말한다. 여기서 핵심은 '적어도' 세 가지라는 것이다.

뒤에서도 설명하겠지만, 전략 모델은 어떤 고객을 대상으로, 어떤 자원을 가지고, 어떤 제품에 어떤 가치를 덧붙여 어떻게 제공할 것인가를 표현하는 모델이다. 운영 모델은 전략 모델을 실현하기 위한 업무 프로세스 구조를 나타내는 모델이다. 제11장에서 소개한 사우스웨스트항공의 차별화 시스템 표는 운영 모델의 일종이다. 수익 모델은 사업 활동의 이익을 확보하기 위해, 수입을 얻는 구조와 비용 구조를 표현하는 모델이다.

그 밖에 다른 모델이 필요한 경우도 있다. 상황에 따라서는 여러 가지 모델을 확립해야 한다. 예를 들어 새로운 사업을 시작하려고 할 때, 대부분의 경우 시장의 구조를 알 수 없다. 시장의 구조란 고객이 어디에 얼마나 있는가, 수요의 규모는 어느 정도인가 하는 것이다. 새로운 사업을 시작하려면 어쨌든 시장 모델이 필요하다. 의사결정을 하거나 누군가를 설득하기 위해서다.

역사가 오래된 회사에서 예로부터 이어온 사업을 하는 경우에는 대체로 시장 모델이 필요하지 않다. 계속되어온 활동이기 때문에 관련 정보가 머릿속에 이미 들어 있는 것이다. 하지만 한편으로 위험한 측면도 있다. 알고 있다는 확신이 시장에 대한 인식의 오류를 낳을 수도 있기 때문이다. 따라서 시장 모델의 재구성이 요구되기도 한다.

즉, 경험에 의존함으로써 분석, 설계할 모델의 수를 줄일 수도 있지만, 더 많은 모델이 필요해지는 경우도 있다. 설계해야 하는 모델은 상황에 따라 다르다. 그렇기 때문에 더더욱 자신의 상황에 맞춰 부족한 부분을 채우고 넘치는 부분을 배제하는 창조적인 작업이 필요하다.

# ▪ 비즈니스 모델이란 무엇인가? ▪

⋯ 비즈니스 모델=어떤 사업 활동을 하고 있는지, 혹은 구상하고 있는지 표현하는 '사업 활동의 구조' 모델

⋯ 적어도 다음 세 가지 모델이 필요하다.
   ① 전략 모델: 어떤 고객을 대상으로, 어떤 자원을 가지고, 어떤 제품에 어떤 가치를 덧붙여 어떻게 제공할 것인가를 표현한다.
   ② 운영 모델: 전략 모델을 실현하기 위한 업무 프로세스 구조를 나타낸다.
   ③ 수익 모델: 사업 활동의 이익을 확보하기 위해, 수입을 얻는 구조와 비용 구조를 표현한다.

# ▪ 때때로 필요한 모델 ▪

**전략 모델, 운영 모델, 수익 모델 외에 다른 모델이 필요할 때도 있다.**

⋯ 시장 모델: 시장의 구조와 고객의 특성 분포를 표현한다.

⋯ 경합 모델: 경쟁자 또는 신규 진입자와 어떻게 경쟁할 것인지 표현한다.

⋯ 공급 사슬 모델, 파트너 모델: 어떤 기업과 파트너 관계를 맺고 어떤 관계를 구축할지 표현한다(운영 모델의 확장).

⋯ 커뮤니티 모델: 회사가 속한 커뮤니티와 어떤 관계를 형성할지 표현한다.

⋯ 투자 모델: 어디에 어떤 방법으로 투자할지 나타낸다.

■ 명제 63 ■

# 고객이 누구인가가 가장 중요하다

비즈니스 모델의 설계에는 중요한 확인 사항이 몇 가지 있다. 집약하면 두 가지로 정리할 수 있는데, 하나는 '고객이 느끼는 매력을 높이는 것'이고, 또 하나는 '경쟁 상대가 따라 하지 못하도록 하는 것'이다.

고객이 느끼는 매력을 생각할 때 중요한 것은 '고객이 누구인가'를 확실히 정하는 것이다. 어떤 고객이 자사의 제품이나 서비스를 어떻게 사용하는지 알아야 한다. 파악한 내용에 의해 비즈니스의 방향이 완전히 달라지며 결과에도 큰 차이가 생긴다.

고객이 요구하는 것은 물리적인 제품 그 자체가 아니라 '기능'이다. 제품은 그 기능을 실현하는 수단에 불과하다. 이러한 발상이 늘 필요하다. 물론 '소유'를 목적으로 구매하는 제품도 있지만, 그런 경우도 '소유한다'는 목적에 대응하는 기능을 생각해볼 수 있다.

고객은 무언가에 사용하기 위해 상품을 구매하고 서비스를 찾는다. 그러한 요구에 대응하는 것이 비즈니스의 본질이다.

# 그다음은 경쟁 상대를 아는 것이다

전략 모델의 설계에서 중요한 또 한 가지 요소인 '경쟁 상대가 따라하지 못하도록 하는 것'은 제11장에서 언급한 '모방 곤란성'을 높이는 것이다. 어떤 회사가 새로운 사업으로 큰 성공을 거두면 주위의 다른 회사에서도 비슷한 사업을 하려고 한다. 이를 원천적으로 봉쇄하는 힘이 바로 모방 곤란성이다.

제11장에서 설명한 바와 같이 모방 곤란성을 실현하는 중요한 요인은 '자원'이다. 기술, 설비, 인재 등 회사가 가진 '자원'이 다른 회사보다 뛰어나거나 많으면 모방 곤란성으로 이어진다.

일반적으로는 자원이 많을수록 유리하다. 경쟁사에서도 간단히 손에 넣을 수 있는 자원을 제외하고, 쉽게 구할 수 없는 자원을 많은 양 보유하면 모방 곤란성이 향상된다.

더불어 자원뿐만 아니라 '활동'도 모방 곤란성으로 연결된다. 여기서 말하는 활동이란 패턴화에 의해 반복되는 활동을 의미한다. 다른 회사에 없는 자원과 활동을 결합한 '체계'를 구축하면 모방 곤란성이 한층 더 높아진다.

## ▪ 명제 65 ▪

# 구매자를 가장 먼저 결정한다

앞서 설명한 두 가지 요소를 고려해 비즈니스 모델을 설계할 때 출발점으로서 다음과 같은 구조의 전략 모델을 사용할 수 있다.

이 전략 모델은 '자신이 하고자 하는 것'을 실현하기 위한 비즈니스 모델을 구축할 때 고객을 한가운데 놓고 생각할 것을 제안한다. 즉, 가장 먼저 구매자를 결정하는 것이다.

마케팅 관련 책에서는 먼저 '시장'을 분석하라고 말한다. 그러나 시장의 경계선을 설정하기란 그리 쉽지 않다. 예를 들어 과자 사업을 시작한다고 하면, 분석 대상을 과자 시장 전체로 할지 스낵 과자 시장으로 한정할지 판단하기 어렵다.

컨설턴트가 '신의 시점'에서 내려다보며 분석할 때는 시장을 먼저 정의할 수도 있다. 하지만 사업을 하려는 사람이 스스로 분석할 때는 시장의 경계보다 제품이나 서비스를 제공할 고객을 먼저 정해야 훨씬 더 확실한 분석을 할 수 있다.

자신이 하려는 사업의 고객이 누구인지 명확히 정하면 출발점의 애매성 문제를 해결할 수 있다. 만약 처음 고객보다 더 적합한 고객

**'가치'의 제공: 구매자에게 좋은 평가를 받아야 한다.**

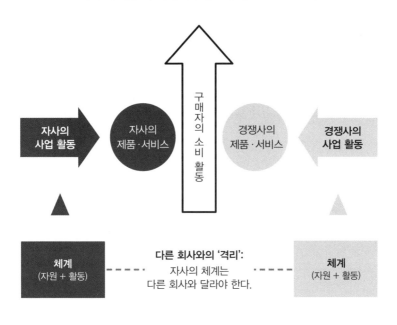

이 있으면 그때 고객 설정을 변경하면 된다. 고객을 정한다고 해서 출발점이 고정되는 것은 아니다.

고객을 정한 다음에는 두 가지 사항을 확인한다. 시작하려는 사업이 고객에게 매력을 어필할 수 있는가. 경쟁 상대와 차별화된 체계에 의해 지속적으로 우위를 점할 수 있는가. 전략 모델에서는 전자를 '가치', 후자를 '격리'라고 부른다. 즉, '가치'와 '격리'라는 두 가지 사항을 고려해 비즈니스 모델을 구상해나간다. 이것이 전략 모델이 말하고자 하는 바다.

# 고객의 소비 활동을 파악한다

전략 모델의 개념을 더 상세히 알아보자. 가장 먼저 살펴볼 것은 '가치'다. 이것을 분석하려면 고객이 누구이고, 어떤 기능을 원하며, 무엇이 매력으로 작용하는지 규정해야 한다. 달리 말하면 고객의 소비 활동을 파악하는 것이다.

고객의 소비 활동이란 '돈을 지불하고 손에 넣은 상품이나 서비스를 통해 욕구를 실현하는 것'이다. 구매자의 소비 활동을 고려하지 않는 사업은 있을 수 없다. 이는 비즈니스의 결과를 좌우하는 가장 중요한 요인이다. 비즈니스 모델을 설계할 때는 무엇보다 구매자의 소비 활동을 규정하는 것이 중요하다.

고객이 원하는 가치는 고객이 누구냐에 따라 다르다. 따라서 타깃 고객이 빠진 비즈니스 모델은 의미가 없다. 우선 고객을 정한 다음 고객이 요구하는 기능을 파악하고 매력을 설정하며 모방 곤란성을 높이는 순서로 비즈니스 모델을 설계해야 한다.

# '기능'과 '매력'은 다르다

'기능'과 '매력'의 구분은 매우 중요하다. 제품에는 기능이 있어야 한다. 그리고 그 기능을 대체하는 것이 경쟁 제품이다. 기능은 본질적인 것으로, 자신이 하려는 사업에 어떤 기능이 있는지 반드시 파악해야 한다.

한편 매력은 부가적인 요소다. 고객의 선택을 받는 데 유리하게 작용하는 요인이 바로 매력이다.

제품이 고객의 소비 활동에 어떻게 공헌하는지 평가하는 것과 제품 자체를 평가하는 것은 다르다. 제품 자체의 평가는 신기술이나 재료 같은 평가를 의미하는데, 기술이나 재료가 반드시 고객의 소비 활동에 공헌한다고 단정하기는 어렵다.

구매자의 평가 기준은 어디까지나 구매자의 활동에 도움이 되느냐 안 되느냐이다. 제품과 서비스는 구매자에게 도구에 불과하다고 생각하는 편이 좋다. 즉, 도구로서의 제품 및 서비스를 제공하는 것이 사업 활동의 본질이다. 기술이나 재료가 아니라 기능이 중요하다.

고객의 소비 활동을 파악하기란 그리 쉽지 않다. 제품은 다양한 용도로 사용된다. 그것을 모두 나열하면 용도의 분류가 지나치게 상세해진다. 따라서 그것을 추상화해 통합하는 것이 매우 중요하다.

소비 활동을 꼭 한 가지로 규정할 필요는 없다. 즉, 전략 모델은 하나로 정리하지 않아도 좋다. 여러 개가 존재해도 상관없다. 복수의 제품으로 된 시리즈의 경우 제품이 제각기 다른 소비 활동에 공헌할지도 모른다. 즉, 하나의 사업에 하나의 전략 모델이 대응하는 구조가 아니라는 것이다. 하나일 수도 있고 그 이상일 수도 있다.

■ 명제 68 ■

# '가치 규정'이란 일의 재정의다

전략 모델에서 가치를 규정하는 것은 '일의 재정의再定義'로 간주할 수 있다.

일job이라는 말은 마케팅 분야에서 자주 사용된다. 고객 가치 명제 customer value proposition, CVP 라는 개념이 있는데, 고객 가치의 제공은 소비자가 '해결하고자 하는 일'을 명확히 하는 것에서 출발한다고 설명한다.

여기서 일이란 타깃 고객이 안고 있는 중요한 문제 혹은 시급한 욕구를 의미한다. 제공하는 상품이나 서비스보다 해결해야 할 일을 먼저 생각해야 한다는 뜻이다.

마케팅 이론의 선구자인 시어도어 레빗Theodore Levitt 은 이런 말을 남겼다.

"4분의 1인치 드릴을 사는 손님은 4분의 1인치 드릴을 원하는 것이 아니라 4분의 1인치 구멍을 원하는 것이다."

## ▪ 고객 가치 명제(CVP) ▪

···▸ 타깃 고객 설정

···▸ 해결해야 할 '일': 타깃 고객이 안고 있는 중요한 문제, 혹은 시급한
　　욕구 해결

···▸ 제공하는 '가치': 문제 해결 또는 욕구 충족. 제공하는 대상뿐만 아
　　니라 제공하는 방법도 포함된다.

출처: 마크 존슨, 클레이튼 크리스텐슨, 헤닝 카거만,
'비즈니스 모델·이노베이션의 원칙',
「다이아몬드 하버드 비즈니스 리뷰」 2009년 4월호

■ 명제 69 ■

# 기능적 대체재를 제공하는 상대가 경쟁자다

다음은 '격리'에 관해 알아보자. 격리를 이해하기 위해서는 '경쟁 상대'의 의미를 잘 생각할 필요가 있다.

지금까지 설명에서 등장한 '경쟁 상대'는 손님이 어느 쪽을 고를지 선택을 망설이는 상품이나 서비스를 제공하는 사업을 가리킨다. 경영학의 표현을 사용하면 '기능적 대체재'를 제공하는 상대가 경쟁자다. 완전히 똑같은 제품을 제공하는 상대만 경쟁자는 아니다.

그러므로 경쟁 상대를 분석할 때는 자사와 경쟁사 사이에 고객이 있다는 점을 잊어서는 안 된다. 어떤 사업이든 경쟁자는 다소 존재하지만, 경쟁자와 직접 대면하는 일은 없다. 경합은 고객을 매개로 해서 벌어진다. 전략 모델의 중심에 있는 고객의 소비 활동에서 어느 쪽을 고를지 고민하게 만드는 것이 바로 경쟁 상대다.

따라서 자사의 제품·서비스와 경쟁사의 제품·서비스가 물리적으로 동일할 필요는 전혀 없다.

좁은 의미로 경쟁자는 고객과 기능을 공유하는 상대를 말한다. 같은 고객에게 같은 기능을 제공하는 것이다. 하지만 엄밀히 말하면 완전히 똑같은 기능을 제공한다고는 할 수 없다. 똑같은 수단을 이용해 제공한다고도 할 수 없다. 유사한 기능이나 부분적으로 대체할 수 있는 기능을 제공하는 상대도 경쟁자로 보기 때문이다.

누구를 경쟁자로 간주할 것인가, 어떤 제품을 기능적 대체재로 볼 것인가는 자신의 사업을 어느 정도의 '추상도'로 받아들이느냐에 따라 바뀐다. 사업을 추상적으로 정의할수록 경쟁자는 점점 많아진다. 지나치게 추상적이면 분석의 의미가 없어진다.

예를 들어 "편의점과 냉장고는 기능적 대체재다"라고 말하는 사람이 있다. 가정의 냉장고에 들어 있는 것은 대체로 편의점에서 살 수 있으므로 편의점이 점점 늘어나면 냉장고가 팔리지 않을지도 모른다는 주장이다. 하지만 곰곰이 생각해보자. 집 근처에 편의점이 있다고 해서 냉장고의 구입을 망설이는 사람이 그렇게 많을까? 이런 이야기는 두뇌 스트레칭으로서는 재미있지만 실제 비즈니스에서는 그다지 도움이 안 된다.

누가 경쟁자인가 혹은 무엇이 기능적 대체재인가 하는 것은 '많은 고객이 선택을 망설이는 대상'의 범위에서 생각해야 한다. 단, 현재뿐만 아니라 미래의 가능성도 고려해야 한다.

여기서 중요한 것은 경쟁자가 누구냐에 따라 자사가 제공하는 '가치'와 '격리'의 타당성에 대한 판단이 바뀐다는 사실이다. 이 판단은 모방 곤란성의 확인을 의미한다.

# '모방 곤란성'과 '차별화'는 다르다

'모방 곤란성'과 유사한 개념으로 '차별화'가 있다. 비즈니스에서 성공하기 위해서는 '차별화가 중요하다'라는 말을 종종 듣는데 '모방 곤란성'과 '차별화'는 다르다.

차별화란 통상적으로 고객의 눈에 보이는 차이를 두드러지게 하는 것을 말한다. 이를테면 바나나가 두 개 있을 때, 산지나 회사의 라벨을 붙여 차이를 표시하는 것이다. 즉, 고객에게 차이가 보이도록 해야 한다. 고객이 눈치채지 못하는 차이는 차별화로 연결되지 않는다. 차별화는 마케팅 분야에서 탄생한 개념이다. 제13장에서 소개할 블루오션 전략은 차별화에 착안해 고객이 느끼는 가치를 되돌아보는 이론이다. 하지만 차별화 요소가 쉽게 따라 할 수 있는 것이면 경쟁자가 금세 뒤쫓아온다. 고객에게 강력한 영향을 준다고 해서 모방 곤란성이 높다고 할 수는 없다.

반면 '모방 곤란성'을 실현하는 자원은 고객의 눈에 보이지 않을 수도 있다. 예를 들면 뛰어난 품질 관리 시스템도 자원이 된다. 고객에게 보이지 않는 곳에 다른 회사가 모방하기 어려운 요소가 존재하는 경우도 많다.

차별화와 모방 곤란성이 다르다는 것은 비즈니스 모델을 구상할 때 가치와 별개로 모방 곤란성을 체크해야 한다는 뜻이다.

가장 바람직한 상황은 차별화 면에서 영향력 있는 강력한 요소가 모방 곤란성이 높은 체계에 의해 뒷받침되는 것이다.

# 각자 그리는 사업의 이미지가 다르다

같은 사업에 관여하고 있어도 각자 그리는 사업의 이미지는 상당히 다른 경우가 있다. '자사의 강점은 무엇인가?' '고객은 무엇을 요구하는가?' '타깃 고객은 누구인가?'라는 물음에 대한 답이 제각각인 것이다. 즉, '이렇게 되어야 한다'라는 목표, 혹은 '이럴 것이다'라는 가설이 엇갈린다. 이래서는 공동으로 사업을 진행하기 어렵다.

종종 '전략의 공유'라는 표현을 사용하는데, 완전한 공유는 거의 환상에 가깝다. 그렇더라도 회사 내에서 의논은 꼭 필요하다. 의견을 나누는 사이 인식이 가까워지며 인식의 상호 침투가 일어나기 때문이다. 비즈니스 모델에 관한 토의는 매우 중요하다.

전략 모델은 토론의 도구로서 사용할 수 있다. 어떤 사업에 관한 의사 결정 권한을 가진 사람이 복수인 경우 의견의 합치를 이끌어내는 데 도움이 된다. 의견을 통일하기 위해서는 전략 모델의 요소를 표로 정리하는 것이 효과적이다. 252쪽의 표는 그 예시다. 각 요소가 이것과 동일할 필요는 없으므로 분석의 목적에 맞춰 요소를 더하거나 뺀다. 중요한 것은 요소의 상호성을 의식하는 것이다.

| | |
|---|---|
| **고객** | • 기능을 제공할 상대. 자사의 매력을 평가하는 상대(타깃) |
| **기능** | • 제공함으로써 고객이 만족하는 기본적인 것 |
| **경쟁자** | • 동일한 수요를 두고 쟁탈하는 시장 참가자 |
| **매력** | • 고객이 경쟁자와 비교하는 요소<br>• 경쟁자가 아닌 자사를 선택하는 이유가 되는 요소 |
| **가격 설정 · 납기** | • 자사가 고객에게 제공하는 제품 · 서비스의 가격을 설정하는 기본 방침<br>• 자사의 기본적 납기 패턴 |
| **체계**<br>(기능이나 매력을 실현하는<br>자원-활동 시스템) | • 자원: 자사가 기능이나 매력을 실현하기 위해 보유하고 있는 유 · 무형의 자산 및 능력<br><br>• 활동: 자원을 조합해 활용하는 것 |
| **맥락** | • 이 모델이 현실에서 성립하기 위한 전제(타당성)<br>• 이 모델이 자사에 가치 있는 이유(정당성) |

분석의 범위를 어디까지 넓힐 것인가, 혹은 어디까지 좁힐 것인가 하는 것도 의식하는 편이 좋다. 분석 범위는 분석의 목적에 따라 달라진다.

예를 들어 토요타자동차와 자동차 부품 업체 덴소는 별개의 회사다. 토요타자동차와 토요타 계열 판매점도 별개다. 하지만 토요타의 전략 모델을 분석할 때 계열사를 함께 분석하는 편이 더 좋은 경우도 있다. 즉, 분석의 범위는 자동으로 정해지는 것이 아니라 목적에 따라 달라진다는 점을 이해하고 유연하게 설정할 필요가 있다. 목적만 잊지 않는다면 전략 모델의 분석 요소는 얼마든지 바꿔도 좋다.

전략 모델을 사용한 토론에서 해야 할 일은 사업 단위의 방향을 설정하는 것이다. 여기서는 가치와 격리의 방향 설정을 말한다. 해당 사업의 가치와 격리 요소의 방향성에 관해 관계자끼리 의견을 교환한다. 이러한 과정에서 도움이 되는 것이 전략 모델의 의의다.

이때 분석은 의사 결정에 필요한 것만으로 충분하다. 괜히 정확성을 추구해 분석하면 비용만 더 들 뿐이다. 대부분의 대기업에서는 과거 자료나 다른 사업의 자료와 똑같이 분석할 것을 요구하므로 불필요한 분석을 하게 된다. 이로 인해 쓸모없는 자료가 불어난다.

비즈니스 모델을 분석할 때는 무엇에 관한 의사 결정이냐에 따라 분석의 범위나 정밀도를 설정하는 것이 좋다.

## ▪ 명제 72 ▪

# 고객은 회사의 수익을 고려하지 않는다

전략 모델의 '가치'와 '격리'를 잘 설정한 다음 운영 모델까지 만들면 비즈니스 모델의 설계가 거의 끝난다. 하지만 잊어서는 안 될 또 한 가지 요소가 '수익성'이다. 즉, 수익 모델을 만들 필요가 있다.

아무리 차별화된 매력적인 사업을 생각해내도 고객은 그 회사의 수익까지 고려해주지 않는다. 그러므로 어떻게 수익을 낼지 정하려면 전략 모델과 별도로 수익 모델을 검토해야 한다. 수입원이 어떤 구조로 되어 있는가, 비용 구조가 어떻게 되어 있는가, 그러한 것이 경쟁사와 같은가 혹은 다른가, 또 수입이 늘어나기 쉬운 구조인가, 흑자를 내기 쉬운가 등 수익을 올리기 위해서는 여러 가지 사항을 하나하나 체크하는 것이 중요하다.

수익에 관한 검토에서 기본은 수입이 무엇에 비례하고 무엇에 비례하지 않는지 파악하는 것이다. 일반적인 사업은 소매업이나 제조업같이 주문 수에 비례해 수입이 결정되는 경우가 많은데, 그렇지 않은 사례도 다양하게 존재한다. 회원제 사업 등이 그렇다.

인터넷 관련 사업은 이용자에게서 수입을 얻지 않는 경우도 있

# ▪ 수익 모델 탐구 ▪

> 수익 모델=수입 구조와 비용 구조를 명확히 밝히는 것

⋯ 적자인가, 흑자인가?
⋯ 적자 또는 흑자를 좌우하는 주요인은 무엇인가?

⋯ 경쟁사와 비용 구조가 다른가?
⋯ 다를 경우 자원 장벽이 있는가?

⋯ 계속 수입을 유지할 수 있는 매력을 지니고 있는가?
⋯ 경쟁사와 수입 구조가 다른가?(단가, 수량)
⋯ 다를 경우 그것을 유지할 매력을 지속적으로 보유할 수 있는가?

⋯ 무료로 서비스를 제공하는 경우 수입원은 무엇인가?
⋯ 그 수입원은 무료 서비스에 드는 비용을 조달할 수 있는가?

⋯ 수입을 크게 변동시키는 요인은 무엇인가?(단가, 수량 각각에 크게 영향
   을 미치는 요인)
⋯ 비용을 크게 변동시키는 요인은 무엇인가?(단가, 수량 각각에 크게 영향
   을 미치는 요인)

⋯ 위의 요인이 변동했을 때 적자가 나기 쉬운가?
⋯ 비용과 수입의 시계열 변동이 어떻게 되는가?

⋯ 현금 흐름 계획에 관한 근거가 있는가?
⋯ 자금 조달 가능성이 있는가?

다. 구글이나 페이스북 등의 광고 모델이 전형적인 예이며, 그 밖에도 여러 가지 패턴이 있다. 이를테면 마케팅 정보를 판매하는 모델이 있다. 트위터는 SNS 분석 업체 등에 정보 액세스권을 판매해 흑자화에 성공했다. 이 외에도 성공 보수 모델, 스폰서십 모델 등이 있다.

사업을 하려면 누구에게서 어떻게 수익을 얻을 것인가 하는 수익 구조 설계가 반드시 선행되어야 한다.

# 경쟁자와 다른 비용 구조인지 확인한다

비용의 검토에서는 무엇이 고정비이고 무엇이 비례비(변동비)인지, 또 그것이 어떻게 결정되는지 알아야 한다. 고정비가 높은 경우에는 먼저 그것을 회수할 만큼의 수요를 확보할 수 있는지 파악해야 한다.

고정비도 장기적으로 보면 '고정'이 아니다. 일정 규모가 되면 추가 투자가 필요해지기 때문이다. 따라서 고정비가 수요량에 따라 어느 정도 단위로 늘어나는지도 생각해봐야 한다.

수익 모델을 구성할 때는 경쟁자와 다른 비용 구조를 가지고 있느냐가 중요한 확인사항이다. 비용 구조가 경쟁자와 상이하면 유리하거나 불리하거나 둘 중 하나다.

또 한 가지 중요한 것은 필요한 자금이 어느 정도인지 확인하는 것이다. 필요한 투자액은 얼마인가, 운전 자금은 어느 정도인가 등을 확실히 파악해 자금 부족 상태에 빠지지 않도록 한다. 현금을 확보하지 않으면 사업을 지속할 수 없다.

# ▪ 수입 구조 확인 ▪

---

··› 누구에게서 어떤 형태로 수입을 얻는지, 수입 구조를 분석한다.
  〈수입 모델의 예〉
  • 판매 대가 모델(종량 모델, 회비 모델, 아이템 사용료 모델)
  • 광고 모델
  • 자료 액세스권 판매 모델        • 마케팅 정보 판매 모델
  • 스폰서십 모델               • 성공 보수 모델

··› 수입은 무엇에 비례하고 무엇에 비례하지 않는가?
··› 비용 증가 요인이 변화하면 수입이 늘어나는가? 양자의 증가 추이에 간격
  이 있는 경우 비용 변화와 수입 변화는 어떤 관계에 있는가?

# ▪ 손익(P/L) 구조 확인 ▪

---

··› 이익=수입 − 비용

··› 비용=고정비 + 변동비
··› 고정비=시작할 때의 고정비 + 추가 고정비
··› 추가 고정비=Σ(추가 사업 규모, 배치[batch]별 추가 고정비)
··› 변동비=Σ(비용 항목, 단가 × 사업 규모)

# ▪ 자금 구조 확인 ▪

---

··› 예상 필요 자금=f(추가 사업 규모, 규모별 필요 자금)
··› 필요 투자액(추가 투자액 + 운전자본 증가액) 〈 자금

··› 자금력=획득 출자금 + 획득 차입금 + 내부 유보
··› 내부 유보=Σ(사업 연도, 연도별 순 현금 유입)
··› 순 현금 유입=이익금 + 상각비 − 배당액 − 차입원금 상환액

---

# 전략 모델 설계는 '모순 없는 구조'가 목표다

전략 모델의 기본 명제는 다음과 같다. '사업 활동의 계속적 성공은 가치(고객에 공헌하는가)와 격리(경쟁자와 지속적인 차이가 있는가)에 의해 결정된다.' 전략 모델 분석의 각 요소는 프레임워크에 해당한다.

전략 모델의 설계는 '모순 없는 구조'를 목표로 한다. 하지만 현실은 모순으로 가득 차 있다. 예를 들어 과거 의사 결정의 축적으로 만들어진 제도가 현재의 의사 결정자에게는 걸림돌에 불과할 수도 있다. 하지만 현실적으로 그 제도의 존재는 무시할 수 없다.

따라서 전략 모델은 '이상적인 형태'지만 그대로 실현된다는 보장이 없다. 게다가 전략 모델의 분석은 단순화를 동반한다.

제12장을 정리하는 의미에서 전략 모델 상세화의 예를 표로 나타내면 260쪽과 같다. '전략 모델 캔버스'라고 불리는 이 표는 전략 모델의 기본형에 수익 모델 및 맥락 분석(제16장 참조) 등을 더한 것이다.

표는 제11장에서 거론한 사우스웨스트항공의 사례다. 사우스웨스트항공의 타깃 고객은 '사업상 이용객'과 '저가 지향 여행객'이다. 고객이 해결하고자 하는 일job은 '예정대로 또는 가능한 한 빨리 목적

# ▪ 전략 모델 캔버스 ▪

## – 사우스웨스트항공의 예

---

### 비용 구조

▸ 높은 고정비
- 기체 고정비(기체의 가동률이 비용에 크게 영향)
- 공항 사용료(편수에 따라 결정됨)
- 정비 고정비(단순화에 의해 절감 가능)
- 고정 인건비(서비스의 단순화로 절감 가능)

▸ 상대적으로 낮은 변동비
- 연료비(파일럿의 노력에 따라 절감 가능),
  마케팅·광고비 수입 모델

### 비수입 모델

- 판매 수입: 이코노미석만 판매
  (단가는 낮지만 양으로 수입을 올림)
  – 공석이 최대한 나오지 않도록 가격 설정
  – 공석을 내지 않는 범위에서 수요 대응형 가격 설정

---

### 가치 제안(제품, 서비스, 가격)

**[제품, 서비스]**
- 고빈도의 두 도시 간 직통 항공수송

**[가격]** · 자동차 이동 수준의 가격
- 경쟁사보다 저가에 제공

---

### 파트너, 거래처

- 미국 내 공항

※주요 공항이 아닌 교외 공항과 제휴

- 보잉사

### 활동

- 두 지점 직행 항로 설정
- 전석 자유제
- 정비 시간 단축
- 경비 절감
- 고빈도 이착륙 슬롯 확보

### 자원

- 두 지점 직행 항로
- 보잉737기로 통일된 항공기
- 훈련된 정비 팀
- 비용 의식이 높은 사원

### 타깃 고객/ 고객의 활동

**[고객]**
- 사업상 이용객
- 저가 지향 여행객

**[고객의 일]**
- 예정대로 또는 가능한 한 빨리 목적지로 이동하는 것

※이동 그 자체를 즐기지는 않음

### 채널
(유통·선전)

**[유통]**
- 직판
- 항공권 인터넷 판매
- 콜센터

**[선전]**
- 잡지 광고

### 기능/매력

**[기능]**
- 중규모 이상 도시 간 이동 수단

**[매력]**
- 고빈도 운항
- 지정 좌석 항공사보다 낮은 가격
- 이착륙 시간 엄수
- 낮은 화물 분실률

### 경쟁자/대체재

- 자동차에 의한 이동
- 타 항공사 맥락(정당성)

---

### 맥락(정당성)

- 종업원의 만족을 최우선으로 생각해 결과적으로 고객 만족도를 높인다.
- 사업 영역을 국내선 특화로 유지할 수 있다.

### 맥락(타당성)

- (성장기) 고빈도 운항의 증진에 대응하는 고객 수를 확보할 수 있다.
- 기내식·화물 전송 서비스 등을 없앤 저(低) 서비스도 충분히 수요가 있다.

---

지로 이동하는 것'으로, 한가운데에 표시되어 있다. 이것에 맞춰 회사가 제공하는 가치는 '고빈도의 두 도시 간 직통 항공수송'을 '자동차 이동 수준의 가격'으로 이용할 수 있도록 하는 것이다.

파트너 및 자원은 활동과 결합해 제품·서비스를 실현한다. 이러한 활동의 결과가 비용이 된다.

고객은 경쟁사와 비교해 기능·매력을 느끼면 유통망을 통해 제품이나 서비스를 입수한다. 이러한 활동의 결과로 고객이 회사에 지불하는 금액이 수입이다.

이 모든 것은 사업의 전제(맥락)에 의해 뒷받침된다. 내부의 가치(비즈니스를 통해 실현하고자 하는 것)를 나타내는 것이 정당성이며 외부 상황과의 적합성을 나타내는 것이 타당성이다.

이러한 상세화를 통해 전략 모델은 사업 구조 설계를 위한 사고실험의 도구가 된다.

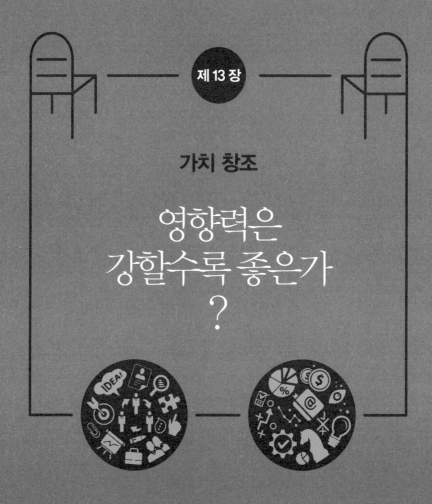

제 13 장

가치 창조

영향력은
강할수록 좋은가
?

■ 명제 75 ■

# '아무도 없는 바다'를 만들 수 있다

앞 장에서 설명한 것처럼 고객 관점의 가치 분석은 비즈니스 모델의 설계에서 가장 중요한 과정이다.

고객이 인식하는 가치에 주목한 이론은 무수히 많은데, 그중에서 '블루오션 전략'이 가장 널리 알려져 있다. 유럽경영대학원INSEAD 교수인 김위찬과 르네 마보안Renee Mauborgne이 제창한 이론으로, 가치의 재검토를 축으로 해서 새로운 전략을 세우는 방법을 제시한다.

블루오션이란 '아무도 없는 바다'의 이미지를 표현한 것이다. 반대로 경쟁이 치열해서 서로 피를 흘리며 싸우는 시장을 레드오션이라고 한다. 즉, 블루오션 전략은 기존 경쟁 상대와 격렬하게 싸우는 대신 새로운 시장의 창조를 꾀하는 전략이다. 그렇지만 블루오션이 경쟁 상대가 전혀 없는 시장을 말하는 것은 아니다. 시장의 경계선을 다시 그어 기존 경쟁 축이 아닌 새로운 경쟁 축을 중심으로 경쟁하는 것이다. 기존 업체가 아닌 전혀 다른 상대를 경쟁자로 의식하면서 새로운 경쟁의 축을 세우기를 제안한다.

블루오션을 창조하기 위한 프레임워크 중 하나가 '전략 캔버스'다.

# ▪ 블루오션 전략이란? ▪

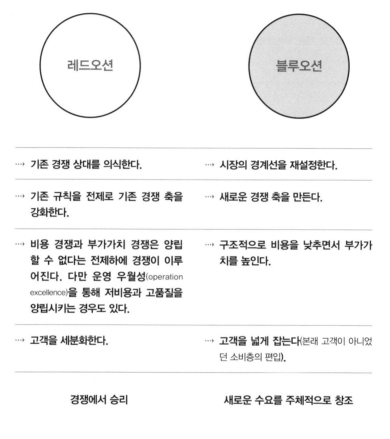

|  레드오션  |  블루오션  |
| --- | --- |
| ···▸ 기존 경쟁 상대를 의식한다. | ···▸ 시장의 경계선을 재설정한다. |
| ···▸ 기존 규칙을 전제로 기존 경쟁 축을 강화한다. | ···▸ 새로운 경쟁 축을 만든다. |
| ···▸ 비용 경쟁과 부가가치 경쟁은 양립할 수 없다는 전제하에 경쟁이 이루어진다. 다만 운영 우월성(operation excellence)을 통해 저비용과 고품질을 양립시키는 경우도 있다. | ···▸ 구조적으로 비용을 낮추면서 부가가치를 높인다. |
| ···▸ 고객을 세분화한다. | ···▸ 고객을 넓게 잡는다(본래 고객이 아니었던 소비층의 편입). |
| **경쟁에서 승리** | **새로운 수요를 주체적으로 창조** |

도표를 사용해 기존 경쟁 상대와 차별화된 가치를 찾아낼 수 있다.

기존 경쟁자가 들끓는 레드오션에서는 경쟁자들이 같은 경쟁 축을 중심으로 각축을 벌인다. 이는 더 열심히 한 쪽이 승리를 거머쥐는, 이른바 소모전이다. 그 경쟁에서 빠져나오기 위해 전략 캔버스에 새로운 '가치 곡선'을 그려 블루오션을 창조하는 것이다.

268쪽 그림은 사우스웨스트항공의 사례를 나타낸 전략 캔버스다. 사우스웨스트항공과 경쟁사의 경쟁 요인을 비교해보면, 사우스웨스트항공은 기내식, 라운지, 좌석 종류 등 종래의 항공사가 중시하는 항목을 전혀 신경 쓰지 않는 한편 가격, 신속성, 편수 등의 경쟁 요인에서 압승하는 전략을 구사하고 있다. 취할 것과 버릴 것을 대담하게 판단해 다른 회사와 차별화한 것이다.

이 분석에서는 사우스웨스트항공의 경쟁 상대로서 기존 항공사뿐만 아니라 자동차를 포함하는 점이 특징이다. 미국은 일본의 신칸센 같은 고속철도가 없고 철도망이 부실한 편이어서 자동차를 이용한 장거리 이동이 훨씬 대중적이다. 사우스웨스트항공의 지방 도시 간 단거리 노선은 차로 이동할 수 있는 거리이기도 하다. 즉, 이 분석은 사우스웨스트항공이 자동차로 이동하는 사람을 자사의 고객으로 편입시켰다고 상정한다.

이처럼 블루오션 전략은 획기적인 가치 곡선의 창조를 제안한다. 누가 봐도 명백한 차이를 만드는 것에 중점을 둔다. 작은 차이를 드러내는 마케팅 조사 기법과는 다르다. 획기적인 발상에 의해 새로운 가치를 창조하는 가치 곡선을 그리는 것이다.

## ▪ 전략 캔버스 ▪

### ― 사우스웨스트항공의 예

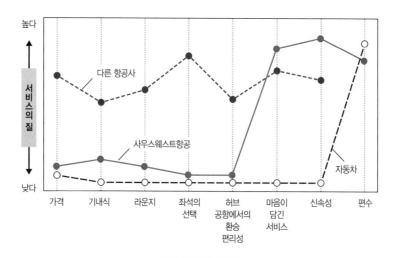

출처: 김위찬·르네 마보안, '전략 캔버스에 의한 전략 재구축',
「다이아몬드 하버드 비즈니스 리뷰」 2002년 9월호

# 창조란 '경계선을 다시 긋는' 것이다

레드오션 상태에서는 수많은 기업이 같은 경쟁 요인으로 경합을 벌인다. 이른바 '정면 승부'다. 김위찬과 마보안의 이론에 따르면 이는 최악의 상황이다. 블루오션이란 경쟁 상대가 경쟁 요인에 포함하지 않는 요소를 찾아낸 다음, 그 항목에서 압도적으로 승리하는 것이다. 이것이 김위찬과 마보안이 상정한 블루오션의 이미지다.

그들은 블루오션을 창조하기 위해 생각해야 할 것으로 여섯 가지를 제시한다. 이 여섯 가지 관점에서 시장의 경계를 바꾸는 것이다.

먼저 대체재나 대체 서비스를 제공하는 대안적인 산업에 착안하는 방법이다. 즉, 대체재를 경쟁 대상에 넣음으로써 경계를 바꾼다. 사우스웨스트항공의 경우 자동차를 통한 이동에 주목해 사업 콘셉트를 재설정했다.

다음은 다른 전략 그룹에서 주목하는 경쟁 요인을 도입하는 방법이다. 다른 그룹의 경쟁 요인을 자신이 속한 그룹으로 가져온다. 전략 그룹의 경계를 바꾸는 것이다.

• 시장의 경계를 재설정하는 '여섯 가지 경로' •

---

직감이나 우연에 의지하지 않고 실제 조사를 진행한다.

| | 레드오션의 전제 | | 블루오션을 창조하는 여섯 가지 경로 |
|---|---|---|---|
| 대안적 산업 | 업계 내 경쟁 기업에 초점을 맞춘다. | ▶ 경로 1 | '대안적인' 산업을 주시한다. |
| 전략 그룹 | 전략 그룹 내부의 경쟁상 포지션에 주의를 기울인다. | ▶ 경로 2 | 업계 내 다양한 '전략 그룹'을 살펴본다. |
| 구매자 그룹 | 구매자의 요망에 더 잘 대응하도록 힘을 쏟는다. | ▶ 경로 3 | 업계의 '구매자 그룹'을 재정의한다. |
| 보완 제품 및 서비스 | 업계의 틀 속에서 제품 및 서비스의 가치를 최대화한다. | ▶ 경로 4 | '보완적인' 제품과 서비스를 탐색한다. |
| 기능 및 감성의 방향성 | 기능 및 감성에 대한 업계의 방향성에 따라 가격과 성능의 비율을 개선한다. | ▶ 경로 5 | 업계의 기능·감성의 방향성을 되묻는다. |
| 시간 | 외부 트렌드에 적응하는 것을 목표로 한다. | ▶ 경로 6 | 장기적인 외부 트렌드 형성에 관여한다. |

출처: 아베 요시히코 · 이케가미 주스케,
『일본의 블루오션 전략 — 10년 동안 지속되는 우위성을 구축한다』(퍼스트프레스, 2008)

예를 들어 편의점에서는 신선한 채소를 취급하지 않지만 슈퍼마켓에서는 신선한 채소의 판매를 가장 큰 경쟁 요인으로 삼는다. 이때 슈퍼마켓의 경쟁 요인인 신선한 채소 판매를 편의점에 도입하는 것이다.

종래의 경쟁 요인에 얽매여서는 안 된다. 새로운 경쟁 요인을 대체재 또는 다른 그룹의 전략 요소에서 찾아내야 한다.

구매자도 다시금 정의한다. 즉, 다른 구매자 집단에 눈을 돌린다. 혹은 지금까지와 다른 용도로 제품을 사용할 만한 구매자를 찾는다. 예를 들어 게임은 지금까지 어린이나 게임을 좋아하는 사람에 의해 소비되었지만, 게임을 해본 적 없는 사람도 즐길 수 있는 것은 없는지 궁리해본다. 고객의 범위를 새로이 정의하는 것이다. 그렇게 하면 경쟁 요인 또한 달라진다.

'여섯 가지 경로'로 조사해 시장의 경계선을 되돌아보고 새로운 경쟁 요인을 찾아내는 것이 블루오션 전략의 가장 큰 포인트다.

## ▪ 명제 77 ▪

# 힘을 쏟을 부분과 아낄 부분을 나눈다

새로운 경쟁 요인을 창출해 격차를 크게 벌리고 나면 거기에 주력하는 수밖에 없다. 하지만 100이었던 능력을 갑자기 200으로 키우기란 불가능하다. 그러므로 몇몇 경쟁 요인을 버릴 필요가 있다.

블루오션 전략은 '뒤처지는 요소'와 '앞서는 요소'를 조합하는 기법이다. 일부러 뒤떨어지는 부분을 만든 다음 거기서 투자할 여력과 자금을 창출해 강화하고자 하는 부분에 주입한다. 100의 능력이 있으면 그 100을 어디에 사용할지 잘 선택함으로써 경쟁력을 강화한다. 투자 자금 자체를 늘리라는 말이 아니다.

경쟁자보다 떨어지는 항목이 있어도 상관없다. 모든 면에서 승리하려는 생각은 애초에 포기하는 편이 좋다. 힘을 쏟을 부분과 아낄 부분을 확실히 나눈다. 그것이 블루오션 전략의 특징이다.

김위찬과 르네 마보안은 이를 위해 네 가지를 생각해야 한다고 말한다. 그것은 바로 감축, 제거, 증대, 창조다.

먼저 '감축'이란, 업계 표준과 비교해서 과감하게 줄일 수 있는 요소가 무엇인지 생각하는 것이다. '제거'는 업계 표준에서 제거해도 되는 요소가 무엇인지 살펴보는 것이다. 하지만 줄이고 없애는 것만으로는 새로운 가치 곡선을 그릴 수 없으므로 새로운 요소를 '창조'한다. 그리고 그 요소를 늘리는 것이 '증대'다.

• ERRC 그리드 •

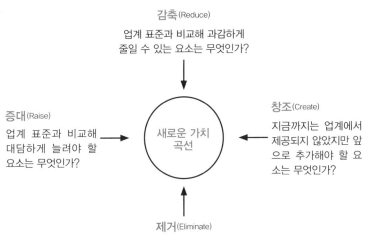

비용 절감과 부가가치 향상을 동시에 이끌어낸다.

감축(Reduce)
업계 표준과 비교해 과감하게
줄일 수 있는 요소는 무엇인가?

창조(Create)
지금까지는 업계에서
제공되지 않았지만 앞
으로 추가해야 할 요
소는 무엇인가?

새로운 가치
곡선

증대(Raise)
업계 표준과 비교해
대담하게 늘려야 할
요소는 무엇인가?

제거(Eliminate)
업계 상식으로 볼 때 제품이 갖추고 있는
요소 중 제거할 만한 것은 무엇인가?

출처: 김위찬·르네 마보안, 「다이아몬드 하버드 비즈니스 리뷰」 1999년 6-7월호

# '최적 원리'보다 '만족 원리'가 더 작용한다

고객에게 제공하는 가치에 주목해 새로운 경쟁 축을 세우는 블루오션 전략은 우리에게 많은 것을 알려준다. 그런데 막상 그 이론을 따라 전략 캔버스를 사용한 분석을 하려고 하면 조금 당황할지도 모른다. 경쟁 요인의 우열을 비교할 때 그래프에서 어느 위치에 표시해야 할지 알 수 없는 것이다. 즉, 고객이 느끼는 매력을 평가하는 기준이 불명확하다.

그 문제를 해결하는 방법으로 '고객에게 미치는 심리적 영향을 분석하는 가치 영향 분석' 기법을 소개한다. 이는 오노 게이노스케와 네고로 다쓰유키의 『생산 기업의 전략』(가이세이샤, 1990)에서 제안한 '영향 곡선'을 근원으로 한다. 블루오션 전략이 등장하기 훨씬 전에 만들어진 이론이지만, 이 사고법으로 블루오션 전략의 부족한 부분을 보완할 수 있다.

가치 영향 분석이란 고객이 받는 심리적 영향에 주목하는 분석 수법이다. 고객이 돈을 지불할 것인가, 다른 회사의 제품이 아닌 자사 제품을 선택할 것인가, 얼마나 구매할 것인가 등의 사항을 파악해나간다.

가치 영향 분석을 하기 위해서는 타깃 고객을 명확히 정한 다음, 고객이 선택을 망설이는 경쟁 상대를 확정하고 고객이 비교 검토하는 항목(제품의 기능·매력·가치 등)을 추려내야 한다. 그리고 각 항목에 관해 경쟁자와의 상대적 관계를 평가한다. 타깃 고객과 경쟁자의 결정에 관해서는 다음 장에서 논하기로 하고, 여기서는 고객이 느끼는 심리적 영향력의 평가 방법을 설명한다.

가치 영향 분석의 특징은 '만족 원리'라는 개념에 주목한다는 점이다. 만족 원리는 '최적 원리'와 대비되는 개념이다. 최적 원리란 사람은 모든 비교 대상을 빠짐없이 비교해서 '가장 좋은 것'을 선택한다는 논리다. 이에 반해 만족 원리란 사람은 모든 대상을 비교하지 않고 '이 정도면 충분하다'라고 생각되는 것을 발견함과 동시에 그것을 선택한다는 논리다. 더 좋은 것이 존재할 수도 있지만 '이 정도면 충분히 만족스럽다'고 느끼는 대상이 있으면 그 이상 찾으려 하지 않는다. 이것이 만족 원리의 주장이다.

모든 상품에 관한 모든 정보를 모은 다음 무엇을 살지 결정하는 사람은 없을 것이다. 보통 사람은 자신이 아는 범위 내의 선택지 중에서 만족할 수 있는 것을 고른다.

물론 고객이 어떤 범위 내에서 비교하느냐에 따라 만족 수준이 변할 가능성은 있지만, 점심에 무엇을 먹을지 고민할 때 근처 규동집이나 라면집을 가본 적도 없는 프렌치 레스토랑에 비교하는 사람은 없다. 그러므로 자기 사업의 고객이 누구이며 그들이 해결하고자 하는 일이 무엇인지 명확히 정하면 비교 대상이 보인다.

## ▪ 만족 원리 ▪

---

··· 고객은 고려할 수 있는 모든 선택지 중에서 가장 좋은 것을 택하는 것이 아니다. '충분히 좋은 것'을 얻고 나면 탐색 비용에 더 신경 쓰기 시작한다.

··· '일정한 선을 넘으면' 영향력이 별로 커지지 않는다=기능은 '만족 수준'에 있다.

··· 고객이 무엇과 비교하느냐에 따라 만족 수준은 변할 가능성이 있다.

---

■ 명제 79 ■

# 한없는 영향력 추구는 좋은 방책이 아니다

278쪽 그림은 만족 원리에 의해 고객이 받는 심리적 영향이 어떻게 변하는지 나타낸 것이다.

가로축에는 경쟁 상대와의 물리적 차이 혹은 기능적 차이를 표시하고 세로축에는 고객이 받는 영향력의 크기를 표시한다. 그러면 기능적 차이와 영향력의 관계는 S자 곡선을 그린다. 이것이 가치 영향 분석의 상정이다.

이 S자 곡선이 의미하는 바는 다음과 같다.

경쟁자보다 앞서더라도 큰 차이가 없을 때는 고객에게 별다른 영향을 주지 못한다. 하지만 일정 지점(역치)을 넘으면 갑자기 영향력이 커지다가, 일정 수준 이상으로 격차가 벌어지면 영향력의 증가 추세가 완만해진다.

반대로 경쟁자보다 뒤떨어지는 경우, 조금 뒤처지는 정도라면 고객은 영향력을 크게 느끼지 않는다. 하지만 일정 수준까지 차이가 벌어지면 갑자기 나쁜 영향력이 커진다.

고객에게 미치는 심리적 영향의 크기는 기능적인 격차에 비례해

## ▪ 기능의 차이와 고객의 심리적 영향력 ▪

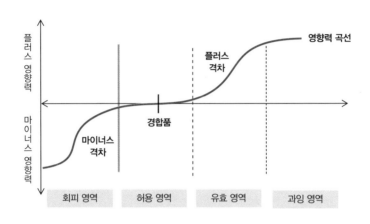

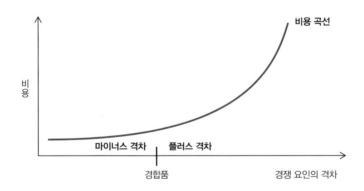

출처: 오노 게이노스케·네고로 다쓰유키, 『경영 전략과 기업 혁신』(아사쿠라쇼텐, 2001)

변하지 않는다.

비용도 마찬가지로 기능적인 격차와 단순 비례 관계에 있지 않다. 비용은 기하급수적으로 증대된다. 경쟁자와 차이를 벌려 영향력을 크게 하려고 하면 비용이 들 수밖에 없는데, 일정 수준을 초과하면 비용이 늘어나는 만큼 영향력이 커지지 않는다. 그러므로 영향력의 크기를 한없이 추구하는 것은 좋은 방책이 아니다.

이 두 개의 곡선을 전제로 하면 효율적으로 영향력을 주는 방법이 보일 것이다.

S자 곡선을 네 개의 영역으로 나눠 영향력이 큰 순서대로 과잉 영역, 유효 영역, 허용 영역, 회피 영역이라고 한다. 이때 고객의 선택 대상에 포함되기 위해서는 유효 영역이나 허용 영역에 속해야 한다. 회피 영역에 들어가면 고객의 머릿속 선택지에서 배제된다.

과잉 영역에 들어 있는 경우에는 고객의 비교 대상에는 포함되지만 비용이 지나치게 높아 이익으로 연결되기 어렵다. 비용이 반드시 이 곡선처럼 기하급수적으로 늘어난다고 단정할 수는 없으며, 과잉 영역에 들어간다고 해서 무조건 이익을 낼 수 없는 것은 아니다. 하지만 일반적으로 과도한 임팩트를 주려고 하면 비용만 높아지는 성질이 있다.

그러므로 고객이 비교·검토하는 기능 중 유효 영역에 들어가는 기능을 늘리고 회피 영역에 들어가는 기능을 줄여야 한다. 과잉 영역에 들어갈 만한 일은 하지 않는다는 의식을 가지는 것이 중요하다.

### ─ 킨들과 소니 리더의 비교 사례(킨들 발매 당시)

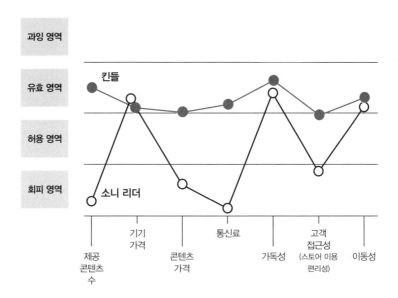

위 그림은 전자책 시장이 막 떠오르던 시기의 킨들Kindle과 소니 리더Reader를 비교한 퍼포먼스 맵이다. 킨들은 출판사에 대한 교섭력이 있어 콘텐츠 수와 가격 면에서 영향력이 컸으며, 나아가 통신료를 무료로 한다는 대담한 발상에서도 영향력을 가지고 있었다.

# 만족도는 '참조점'에 의해 변한다

가치 영향 분석의 S자 곡선은 행동 경제학의 전망 이론prospect theory 곡선과 비슷하다(거기서 착안한 것은 아니지만 결과적으로 비슷하다).

전망 이론은 사람을 합리적인 존재로 상정하는 전통적인 경제학과 달리, 사람이 그렇게 합리적인 존재가 아니라고 전제한다. 전망 이론의 S자 곡선은 가치 영향 분석처럼 경쟁자와 자사를 비교하는 것이 아니라 자신의 '참조점'을 비교 대상으로 삼는다. 그리고 이익을 얻었는지 손실을 입었는지 가로축에 표시한다. 그 참조점을 기준으로 만족도가 어떻게 변화하는지 나타낸 것이 전망 곡선이다.

예를 들어 규동 체인점의 경쟁이 치열하던 시기에 요시노야는 400엔짜리 규동을 250엔으로 할인하는 행사를 한 적이 있다. 다른 회사의 가격이 280엔 정도여서 그 손님을 끌어오기 위한 것이었다. 하지만 참조점이 280엔인 사람에게 250엔짜리 규동은 그렇게 큰 만족감을 주지 못한다. 한편 250엔을 참조점으로 정한 사람은 행사가 끝나고 통상 가격인 400엔으로 돌아갔을 때 매우 비싸게 느낄 수 있다. 따라서 가격을 일시적으로 낮추는 것은 위험한 전략이며 낮추려면 통상 가격을 낮추는 편이 좋다. 무언가를 판단할 때는 참조점의 위치가 중요하다.

### ▪ '전망 이론'의 전제 ▪

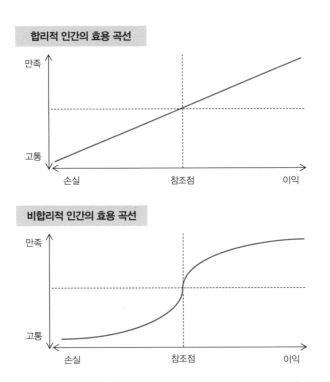

출처: 다부치 나오야, 『랜덤 워크 & 행동 파이낸스 이론의 모든 것』(일본실업출판사, 2005)

■ 명제 81 ■

# '굿 이너프'는 파괴적 혁신으로 이어진다

만족 원리에 주목하는 경영학자는 상당히 많다. 『혁신 기업의 딜레마』로 알려진 하버드 경영대학원의 클레이튼 크리스텐슨 교수는 '파괴적 혁신의 3원칙'의 하나로 다음과 같은 항목을 꼽았다. "굿 이너프good enough가 큰 가치를 지닐 수 있다는 것을 인식한다."

고객 가치를 높이기 위해서는 무언가 뛰어난 요소가 필요한데, 그렇다고 모든 요소가 뛰어날 필요는 없다. 즉, 기능적 요소를 생각할 때 모든 면에서 이기려고 하지 말라는 뜻이다. '이 정도면 충분'한 수준의 요소를 부분적으로 허용하는 것도 중요하다는 발상이다.

이 점에 관해서는 리더가 확실하게 판단해 의견을 표명하는 수밖에 없다. 왜냐하면 각각의 요소에 관여하는 사람은 각자 자신이 담당하는 부분을 좋게 만들려고 해 그러한 제안을 모두 받아들이면 과잉 투자가 되어버리기 때문이다. 그러므로 전체의 관점에서 자원 배분을 생각해야 한다. 리더는 '굿 이너프'도 큰 가치를 낳을 수 있다는 것을 인식해야 한다.

크리스텐슨이 제안한 '3원칙'의 다른 두 항목도 가치에 주목한다.

첫째, 막대한 영향력을 지닌 혁신은 과잉 만족 고객이나 비非소비 고객을 타깃으로 함으로써 탄생한다. 비소비 고객은 현재 자사의 제품을 사용하지 않는 사람을 가리킨다. 게임기를 예로 들면, 지금까지 게임을 해본 적 없는 사람에게 게임을 시작하게 할 만한 상품이 무엇인지 생각하는 것이다. 이런 과정을 통해 획기적인 제품이나 서비스를 창조할 수 있다. 과잉 만족이란 기존 제품이 기능 과잉 상태에 있는 것을 말한다. 즉, 과잉 만족 고객에게는 더 심플하고 저렴한 상품을 제공할 여지가 있다.

둘째, 경쟁사가 관심을 두지 않는 부분에 주목해 그것을 행한다. 그렇게 하면 무언가 획기적인 생각이 떠오를지도 모른다. 물론 획기적 아이디어가 그렇게 쉽게 떠오르지는 않을 것이다. 그렇더라도 머릿속에 이런 생각을 가지고 있으면 분명히 도움이 된다.

### ▪ 파괴적 이노베이션의 3원칙 ▪

1. 혁신은 과잉 만족(기존 제품이 기능 과잉이다) 고객 혹은 비소비 고객을 타깃으로 하는 것에서 시작한다.
2. '굿 이너프'가 큰 가치를 지닐 수 있다는 것을 인식한다.
3. 기존 경쟁사에 매력이 없거나 경쟁사가 관심을 두지 않는 것을 실행한다.

예를 들어 머리를 1천 엔에 커트해주는 QB하우스가 주목받기 시작하던 당시, "그런 이발소에는 아무도 안 간다" 또는 "비위생적이라서 이발소로서는 실격이다"라며 힐난하는 반응이 많았다. 경쟁자들은 QB하우스의 비즈니스 모델에 대해 트집만 잡을 뿐 따라 하려고 하지 않았다. 그런데 그러는 사이 QB하우스는 수많은 지점을 만드는 데 성공했다. 경쟁자에게는 매력적이지 않은 것이라도 손님에게는 충분히 매력적일 수 있다.

제13장에서 설명한 내용을 아우르는 기본 명제는 일종의 균형론이다. 어떤 요소를 줄이고 다른 요소를 늘린다, 과잉 영역을 피하고 유효 영역과 허용 영역에 들어간다, 최적이냐 아니냐보다 만족할 수 있느냐 없느냐에 주목한다 등과 같은 논의에 공통되는 것은 다음과 같은 사고방식이다.

**모든 면에서 뛰어날 수는 없으므로 어떤 점에서는 뒤처져도 괜찮다.**

이 사고방식은 보편적으로 타당한 것일까? 어쩌면 이런 균형론은 한계에 도전하기를 스스로 규제하는 것일지도 모른다. '두 마리 토끼'를 다 잡는 편이 결과적으로 나을 가능성도 있다. 혹은 끝까지 파고드는 것이 결과적으로 큰 경쟁 우위를 만드는 경우도 있다.

이번 장의 논의는 균형론을 기반으로 이루어졌다는 점에 주의할 필요가 있다.

제 14 장

STP

'신의 시점'은
타당한가
?

## ▪ 명제 82 ▪

# STP는 고객이 누구인지 밝히는 것이다

제1장에서 이론을 거슬러 올라가 프레임워크를 재구성할 줄 알아야 한다고 말했는데, 제14장에서는 실제로 기존 프레임워크를 재구성 해보려고 한다. 전략 모델론의 관점에서 볼 때, 마케팅의 기본적 프레임워크인 STP를 어떻게 결정할지 논하는 것이다. 기존 이론을 재구성하는 사고실험의 예라고 할 수 있다.

STP는 '고객이 누구인가'를 명확히 밝히는 전통적인 프레임워크다. STP에서 S는 세분화Segmentation, T는 타깃 설정Targeting, P는 포지셔 닝Positioning을 가리킨다.

세분화란 고객의 분류다. 어떤 제품의 시장을 구성하는 고객을 특정한 요인을 기준으로 그룹화하는 것이다. 고객을 세세하게 나눠 대응하는 편이 고객의 욕구를 더 확실하게 만족시킬 수 있다는 사고방식을 전제로 한다.

비즈니스 모델을 분석하고 설계하기 위해서는 고객이 누구인지 규정하는 것이 꼭 필요하다. 무엇에 가치를 느끼고 무엇에 가치를 느끼지 않는가는 사람마다 따르기 때문이다. 따라서 고객이 불명확한 채로는 가치를 분석할 수 없다.

세분화를 실행한 다음에는 분류한 고객 그룹 중 어느 그룹을 타깃으로 할지 정한다. 이렇게 정해진 타깃 고객에게 어필할 포인트를 확정하거나 어필 방법을 바꾸는 것이 포지셔닝이다.

### ▪ STP의 재구성 ▪

···▶ **세분화**(Segmentation)
- 고객(잠재 고객 포함)을 나눈다.
- 평가하는 가치·매력의 차이라는 관점에서 고객을 분류한다.

···▶ **타깃 설정**(Targeting)
- 대상 고객 그룹을 정한다.
- 전략 모델의 '고객' 항목을 설정한다.

···▶ **포지셔닝**(Positioning)
- 경쟁 제품과의 차이를 정한다.
- 경쟁자의 사업과 위치 관계를 결정한다.

■ **명제 83** ■

# 시장이 아니라 고객을 분류한다

마케팅 교과서를 보면 세분화의 분석 대상을 '고객'이 아니라 '시장' 으로 정하는 경우가 많다. 전통적인 세분화는 제품을 먼저 정의하고 그 제품의 시장을 세부적으로 나눈다. 하지만 나는 제품이나 시장이 아닌 고객을 분류할 것을 제안한다. 시장은 굳이 먼저 결정하지 않 아도 나중에 저절로 결정된다. 시장이란 '고객의 집합'이라고 생각 하면 된다. 시장은 결코 '제품의 집합'이 아니다.

시장을 분류하는 방법을 취하지 않는 이유는 범위를 결정하는 것 만큼 어려운 일이 없기 때문이다. 이것은 업계의 정의가 어려운 것 과 마찬가지다(제9장 참조). 어디까지 포함시킬지 결정하는 것은 무척 까다로운 일이다. 따라서 전략 모델에서 출발하는 세분화는 먼저 고 객을 정하는 것으로 시작한다.

# 분석 범위를 '자기중심'으로 생각한다

경영학의 분석 이론은 시장, 업계 등의 경계 설정을 요구한다. 여기서 시장이란 고객의 집합을 의미하며 업계는 기업의 집합을 말한다. 경계를 설정한 다음에는 상공으로 올라가 그 경계 안팎에서 제품이나 자원이 어떻게 다른지 내려다본다. 즉, '신의 시점'에서 분석한다.

하지만 현실에서는 시장이나 업계의 경계를 정하기 어렵다. 따라서 '신의 시점'이 아니라 '자기중심'으로 생각해 분석 범위를 넓혀나가면 된다. 자신이 하고자 하는 사업의 고객을 결정하는 것에서 출발해 분석 범위를 설정하는 것이다.

고객의 범위를 넓힐 때는 경쟁자의 설정이 중요하다. 그러므로 누구와 경쟁하고 있는지 구체적으로 정해야 한다. 완전히 똑같은 제품을 만드는 기업이 아니라도 상관없다. 기능적 대체성이 있는 제품이라면 경쟁 상대가 될 수 있다. 그 경쟁 기업의 고객을 범위에 넣음으로써 '여기까지가 우리 사업의 시장이다'라고 규정할 수 있다. 자사의 고객이 비교 대상으로 삼고 있는 기업 역시 같은 업계에 속하는 것으로 간주한다.

경쟁자의 잠재 고객을 어디까지 포함할지 판단하기는 어렵지만, 자기중심적으로 생각해 경쟁자의 고객을 더해간다는 사고방식을 가지면 적어도 '신의 시점'은 필요하지 않다.

이렇게 생각하면 시장이나 업계라는 개념은 늘 자사 관점의 시장, 자사 관점의 업계가 된다. 자사를 중심으로 분석해 고려 범위를 늘려나가면 된다.

# 고객을 편익으로 나눈다

고객을 분류하기 위해서는 기준이 필요하다. 세분화에는 나이, 성별, 거주 지역 등으로 분류하는 통계적 세분화와, 생활습관 등으로 분류하는 라이프스타일 세분화 등이 있다. 하지만 전략 모델을 기반으로 한 세분화에서 추구해야 할 것은 편익benefit 세분화다. 즉, '제품을 선택할 때 어떤 요소를 평가하느냐'에 따라 나눈다. 이것은 전략 모델에서 '매력' 항목에 해당한다.

다만 편익을 계측하기 어려운 경우에는 대리 지표를 사용해 세분화한다. 대리 지표란 측정하고자 하는 변수를 대신하는 변수를 말한다. 예를 들어 나이는 편익 세분화의 대리 지표가 될 수 있다. 나이별로 선호하는 혜택이 다르기 때문이다. 이를테면 젊은 층은 디자인이 세련된 것을 선호하는 경향이 있다. 이와 마찬가지로 주소지, 소득 등에서도 기호의 차이가 나타난다. 이는 대리 지표성이 있다는 뜻이다. 따라서 나이나 소득 등의 통계적 변수가 대리 지표로서 사용되기도 한다.

# 규모, 지급 능력, 접근성을 고려한다

세분화는 뭐든지 나누기만 하면 되는 것이 아니다. 분석에는 목적이 있기 마련이다. 세분화의 의의는 '자사의 타깃 고객을 이 고객 그룹으로 정해도 괜찮은가' 논하기 위한 정보를 얻는 것이다. 분석은 의사 결정에 도움이 되지 않으면 의미가 없다.

먼저, 가장 중요한 정보는 규모다. 어느 정도 크기의 그룹인지 파악하는 것이다. 규모는 그 그룹을 타깃으로 정할 것인지 판단할 때 빼놓을 수 없는 정보다. 여기서 주의해야 할 점은, 자사의 움직임에 의해 규모가 변할 수 있다는 것이다. 특히 큰 회사의 경우 자사가 취하는 행동에 따라 고객 그룹의 규모가 달라진다는 것을 잊어서는 안 된다.

'지급 능력'도 중요하다. 그 그룹의 고객은 제품을 구입하는 데 돈을 얼마나 지불할 수 있는가. 예를 들어 고등학생은 비교적 포섭하기 쉬운 고객층이지만 그들의 지급 능력은 곤잘 논의의 대상이 된다. 많은 돈을 가지고 있지 않으므로 제한된 용돈 내에서 얼마만큼의 지갑 점유율을 확보하는가 하는 것이 문제가 된다.

'접근성이 있는가'도 고려해야 한다. 접근성이란 두 가지 의미가 있는데, 하나는 자신들의 존재를 알릴 수 있다는 의미다. 어디에 광고를 내면 많은 사람이 보는가, 어떤 광고 기법이 적합한가 등의 사항에 관계된다.

또 하나는 제품 그 자체를 전달할 수 있느냐에 관한 것이다. 특히 유통 채널을 통해 판매하는 경우 접근성이 낮으면 의미가 없다. 예를 들어 고등학생을 타깃으로 한 상품을 그들이 자주 접하는 미디어를 통해 알리기에 성공해도, 그들의 손이 닿는 곳에 상품을 가져다 놓지 않으면 의미가 없다. 예를 들어 청량음료의 경우 편의점 진열대에 놓이지 못하면 고객에게 전달되지 못한다.

세분화한 그룹 중에서 타깃 그룹을 설정할 때 그룹의 선택 방법에 관해서는 다양한 견해가 있다. 이를테면 마케팅에서 자주 언급되는 '틈새시장 전략'은 작은 세분화 그룹만을 노린다. 반대로 타깃 그룹을 더 폭넓게 선택하는 전략도 있다.

타깃 설정은 전략 모델에서의 가치 설정과 묶어서 생각해야 한다.

# 제품이 아니라 사업을 포지셔닝한다

포지셔닝이란 '자신의 사업을 경쟁 동종 사업과 비교해 어떤 위치에 놓고 싶은가'에 대한 의사 표현인 동시에, 소비자가 평가한 업계 내 위치를 나타내기도 한다. 예를 들어 회사원의 점심식사 수요를 노리는 라면집이 근처의 다른 라면집이나 우동집, 규동집과의 차이를 고객에게 어떻게 어필하는가(또는 어필되어 있는가) 하는 것이다. 결정 요소는 메뉴, 가격, 위치, 분위기, 운영 등 여러 가지가 있는데, '어떤 고객을 타깃으로 어떻게 어필하느냐'가 가장 중요하다.

포지셔닝에는 제품의 차이를 명확히 드러내는 제품 포지셔닝 방법과 사업 부문을 대상으로 하는 사업 포지셔닝 방법이 있다. 사업 포지셔닝은 시장 전체에서 자사의 사업을 대체할 수 있는 회사를 인지하고 그 회사와 자사의 차이를 가치(기능, 매력)의 관점에서 평가한다.

전략 모델을 분석하고 설계하기 위해서는 사업 포지셔닝이 필요하다. 대체성 있는 사업을 하는 회사와 자사의 우열을 가치의 관점에서 가리고 싶기 때문이다. 따라서 전략 모델의 '고객' 부분에 먼저 세분화한 고객 그룹을 표시하고 가치, 즉 기능과 매력을 설정한다.

■ 명제 88 ■

# 자사의 판단과 고객의 평가는 다를 수 있다

사업 포지셔닝은 '고객에 의한 평가'로서의 포지셔닝과 '자사 의사'로서의 포지셔닝으로 나눌 수 있다. 전자는 현재 자사의 사업을 고객이 어떻게 평가하는지 표현하는 포지셔닝으로, 고객이 인지하는 자사의 위치를 말한다. 후자는 '자신들의 사업을 경쟁사와 비교해서 어떻게 평가하는가?'라는 물음에 대한 의사를 표현하는 포지셔닝으로, 앞으로의 방향성에 관한 의사라고 할 수 있다.

그러나 자신들이 생각한 위치와 소비자의 평가 위치가 꼭 일치한다고 단정할 수는 없다. 미래 계획까지 고려했다면 거리가 생길 가능성은 더 크다. 다른 회사와 이런 식으로 차이를 만들 생각으로 위치를 설정해도 현재 소비자의 눈에는 그렇게 보이지 않을 수 있다. '자신들의 의사'와 '소비자의 평가'는 같지 않다.

의사란 포지셔닝 맵에서 어디에 위치하고 싶은지 표현하는 것이다. 경쟁사보다 유리한 위치나 공백 영역을 노리는 것이다.

포지셔닝을 반드시 두 축으로 표현할 필요는 없으나 두 축으로 하는 것이 가장 알기 쉽다. 또한 여러 장으로 표현해도 상관없다.

■ 의사 표현으로서의 사업 포지셔닝 ■

**공백 영역을 노린다**

**경쟁 상대보다 우위에 서고 싶다**

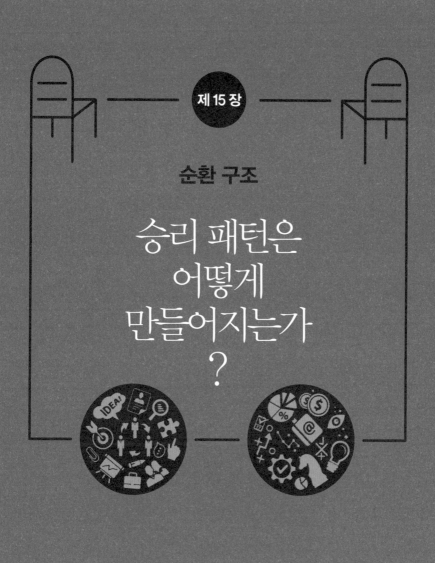

제 15 장

순환 구조

승리 패턴은
어떻게
만들어지는가
?

# '자기 강화 로직'으로 경쟁력을 높인다

경영학 이론과 프레임워크에는 '정학靜學'과 '동학動學'이 있다. 정학이란 특정 시점의 사업 구조를 명시화하는 것이다. 다른 회사의 분석에 주로 쓰이며 당사자의 경우도 공통 인식을 얻기 위해 사용한다. 하지만 실무적으로는 동학이 중요하다. 동학은 '다음'을 위해 무엇을 하면 좋을지 명시화하는 것이다. 즉, 사업의 '발전'을 위한 로직을 세우는 것이다. 약한 회사가 강한 회사로 성장하기 위해서는 어떻게 해야 하는가, 자원이 거의 없는 벤처 기업이 건실한 회사로 거듭나기 위해서는 어떻게 해야 좋은가, 한 번 만든 비즈니스 모델을 폐기한 다음에는 비즈니스 모델을 어떻게 만들어야 하는가, 이런 문제에 대한 실마리가 실무적으로는 중요하다.

정학과 동학에는 상호 관계가 있다. 동학은 어떻게 변화해왔는가, 혹은 어떻게 변화해야 하는가를 의논하는데, 변화와 변화 사이에 일정한 안정 기간이 있다. 그 안정 기간에 사업 구조가 어떻게 되어 있는지, 다음에는 어떤 구조를 목표로 할 것인지 등을 나타내는 것이 정학이다. 사업을 움직이기 위해서는 '무엇을 지향하는가' 혹은 '지금 어떤 상태인가'를 인식할 필요가 있다. 따라서 동학은 정학이 있음으로써 비로소 성립한다고 할 수 있다. 정학은 동학의 기초가 된다.

동학은 무엇에 대한 해답을 제공하는가? 사람들은 경쟁 우위성을 현재보다 높이는 대책에 관한 시사를 원한다. 따라서 동학은 '이것을 하면 이런 과정을 거쳐 나 자신에게 돌아온다'라는 발전 원리를 명시한다. '왜 지금 그것을 해둘 필요가 있는가'를 명확히 하는 것이다. 이것이 동학의 목적이다. 동학을 두 가지로 나누어 생각해보자.

하나는 자사를 더 강하게 만드는 자기 강화의 인과관계를 제시한다. 기본적으로는 같은 사업을 계속해도 점점 강해지는 것이다. 그 로직을 세우는 방법을 알아본다. 비즈니스에서는 끊임없이 경쟁력을 높이지 않으면 우위성을 지속적으로 확보할 수 없다. 뛰어난 비즈니스 모델을 가지고 있어도 계속 성장하지 않으면 뒤처진다. 제자리에 머물러 있다면 당장은 경쟁 우위를 점할지 모르지만, 다른 회사가 꾸준히 성장해 상대적으로 점점 약해진다. 따라서 자신을 한층 더 강하게 만드는 로직을 구축할 필요가 있다. 이것을 '자기 강화 로직'이라고 한다. 이 로직이 확립되어 있으면 의사 결정 또한 쉬워진다.

또 하나의 동학은 비즈니스 모델을 진화시키는 인과관계를 제시한다. 이를테면 '3년 후의 차별화 시스템을 이렇게 만들기 위해 이러한 활동을 하고 싶다'라는 계획을 명시하는 것이다. 변화의 인과 연쇄를 자각함으로써 다음 시대의 성공을 거머쥐기 위한 로직이다.

■ 명제 90 ■

# 순환 구조를 따라야 자기 강화가 실현된다

먼저 자기 강화에 대해 생각해보자. 비즈니스란 일회적인 활동이 아니라 같은 제품이나 서비스를 끊임없이 제공하는 것이다. 자원이 투입되면 다시 자원이 산출되고, 그 산출된 자원이 다시 투입된다. 경영학자 이타미 히로유키伊丹敬之는 『경영 전략의 논리』라는 책에서 이 구조를 307쪽과 같은 그림으로 나타냈다. 사업 활동은 제품이나 서비스를 생산할 뿐만 아니라 활동에 필요한 자원도 창출한다.

그 자원은 다음 사업 활동에 재투입된다. 돈은 이러한 자원의 전형이다. 자금을 투입해 돈을 벌고 늘어난 돈을 재투자한다. 사람을 고용해서 사업 활동을 하면 그 사람의 능력이 성장해 다음 사업 활동에 활용할 수 있다.

자산도 마찬가지다. 사업 활동을 하면 물건은 낡기 마련이지만 점점 개선되는 경우도 있으므로 반드시 나빠진다고 단정할 수는 없다. 개선 활동을 열심히 하는 회사에서는 재투입되는 설비가 갈수록 좋아진다. 따라서 점점 더 강해진다. 개선 활동을 꾸준히 한다는 방침을 내세우는 회사는 자기 강화의 필요성을 깨달은 것이다.

비즈니스는 일을 하면 할수록 점점 더 강해지도록 하는 것이 중요하다. 같은 일을 반복하는 듯 보여도 매년 발전하는 회사는 지속적인 경쟁 우위성을 확보할 가능성이 높다. 이렇게 자기 강화 구조를 만들어나간다. 의식적으로 자기 강화를 계속하기 위해서는 어떻게 해야 하느냐가 동학의 핵심이다.

자기 강화란 순환 구조를 돌림으로써 실현된다. 즉, 자신이 어떤 순환 구조를 돌리고 싶은지 의식할 필요가 있다. 예를 들어 토요타 자동차는 '현장 개선을 해나가면 우리 회사는 반드시 강해진다'라는 확신을 가지고 있었다.

강한 조직에는 그런 '확신'이 공유되어 있다. 자사의 구조가 강해지면 성과가 올라간다. 성과가 올라가면 확신이 더욱 강해진다. 자신들의 행위에 대한 확신이 조직 내에서 자체적으로 강화된다. 그러한 확신하에 더 큰 자원이 축적된다.

이런 순환 구조는 제11장에서 소개한 차별화 시스템에도 숨어 있다. 활동을 위해 자원을 사용함으로써 자원의 질적, 양적 향상을 기대할 수 있다.

# ▪ 투입 → 산출 → 재투입에 의한 성장 ▪

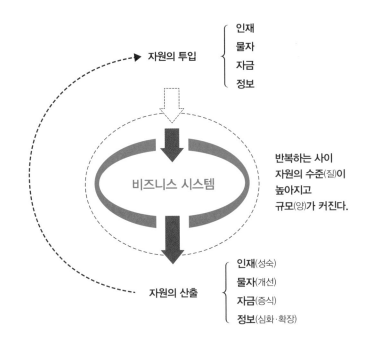

자원의 투입

- 인재
- 물자
- 자금
- 정보

비즈니스 시스템

반복하는 사이
자원의 수준(질)이
높아지고
규모(양)가 커진다.

자원의 산출

- 인재(성숙)
- 물자(개선)
- 자금(증식)
- 정보(심화·확장)

출처: 이타미 히로유키, 『경영 전략의 논리 제4판』(니혼게이자이신문출판사, 2012)(일부 가필)

# 순환 구조를 구축해 계속 관리한다

베조스의 냅킨처럼 자기 강화의 순환 구조를 표현하는 것은 중요하다. 비즈니스는 많은 사람과 함께하는 것이므로 동료나 거래 상대에게 자신의 방침을 전달할 필요가 있다. "우리 회사는 이런 식으로 운영한다"라고 규정지어서 말하지 않는 한 사람을 동원하기 어렵다. 이처럼 규정하지 않으면 다른 회사와 협력해서 일할 수도 없다. 기본 방침을 모르기 때문에 어떤 협력 관계를 이루어야 할지 모르는 것이다. 그러므로 조직 활동을 성공시키기 위해서는 자사의 인과 구조를 유형으로 만들어두어야 한다.

또한 반복하지 않으면 애초에 고객에게 어필할 수 없다. 반복함으로써 형성되는 경쟁 요인이 있기 때문에, 그 경쟁 요인이 없으면 고객은 그 회사가 어떤 회사인지 알 수 없다. 따라서 조직에는 반복이 필요하다.

물론 일정 수준에 이르면 순환 구조 체제에서도 자기 강화가 더디게 진행된다. 예를 들어 개선에 의한 비용 절감액이 점점 줄어든다. 하지만 그 순환 구조에서 벗어나면 갑자기 경쟁력이 저하될 수도 있다. 활동이 느슨해지면 순환 구조가 원활히 돌아가지 않는다.

　원활한 순환을 위해서는 자기 강화의 핵심이 되는 활동을 잘 관리해야 한다. 무의식적으로 순환 구조를 돌리는 경우도 있지만, 순환 구조를 의식하고 목표를 정해야 더 확실하게 관리할 수 있다.

■ 명제 92 ■

# 유형은 필요에 따라 수정되어야 한다

물론 같은 유형을 계속 반복하기만 하는 것이 아니다. 유형은 필요에 따라 수정되어야 한다. 그런데 유형의 재검토는 좀처럼 제때 이루어지지 않는다. 자신이 작성한 유형을 지나치게 확신하면 유형의 재검토가 늦어지기도 한다.

게다가 유형을 변경했을 때의 결과는 쉽게 예측할 수 없으며 불확실성의 크기도 가늠할 수 없다. 따라서 유형을 바꿔야 한다고 인지해도 수정이 늦어질 가능성이 높다.

성공하는 동안에는 현상 유지에 따른 리스크보다 불확실성에 따른 리스크가 더 커 보인다고 한다. 그것이 인간의 심리다. 따라서 이대로는 안 되겠다 싶은 상황에 처하지 않는 한 유형을 변경하지 못하는 경우가 많다.

사고실험은 이를 방지하는 데도 유용하다. 어떤 유형을 추구하는 동시에 다른 유형으로 사고실험을 한다. 이를 통해 미래의 다른 가능성을 고려할 수 있다. 성공 유형을 믿고 행동하는 것도 중요하지만, 때로는 그것을 되돌아볼 필요가 있다.

# ▪ 운영 패턴 수정의 타성에 빠지는 이유 ▪

⋯ 과거의 성공에서 온 자신감이 패턴의 재검토를 늦춘다.

⋯ 어떤 패턴의 성공이 높은 평가로 이어지면 평가 시스템의 존재가
패턴의 수정을 저해한다.

- 같은 방식은 리스크가 적다는 지각

⋯ 패턴을 변경했을 때 불확실성의 크기를 알 수 없다.

- 성공하는 동안에는 불확실성에 따른 리스크를 크게 보는 심리가
작용한다.

# 다음 사업을 위해 자원을 축적한다

또 하나의 동학은 비즈니스 모델의 발전 시나리오를 제시한다. 비즈니스 모델을 바꾸거나 비즈니스의 다각화를 꾀하기 위해 무엇을 하면 좋은지 명시하는 것이다.

새로운 비즈니스를 창출하는 경우 기존 비즈니스의 산출 자원이 새로운 비즈니스에 투입된다. 이 구조를 어떻게 만드는지, 또 어떤 자원을 축적해서 장래의 비즈니스에 대비하는지 알아보자.

'현재' 사업에서 그치지 않고 '다음' 사업을 위해 재료와 자원을 축적해야 한다. '다음'을 위해서는 자원을 조금 과도하게 축적할 필요가 있다. 여기에는 양뿐만 아니라 종류도 포함한다. 그것은 제11장에서 설명한 '내부 정합성'을 약간 희생해야 한다는 의미다.

내부 정합성의 존재는 모방 곤란성을 높여 경쟁 우위로 이어진다. 그런데 한편으로는 '제약'이 되어 사업의 발전을 저해하기도 한다.

'변화' 측면에서 보면, 높은 정합성이 꼭 좋은 것이라고 단정할 수는 없다. 오히려 지나친 것, 쓸데없는 것, 모순된 것이 '다음'의 씨앗이 되어 사업의 진화로 이어진다. 즉, '부정합'이 변화를 불러온다.

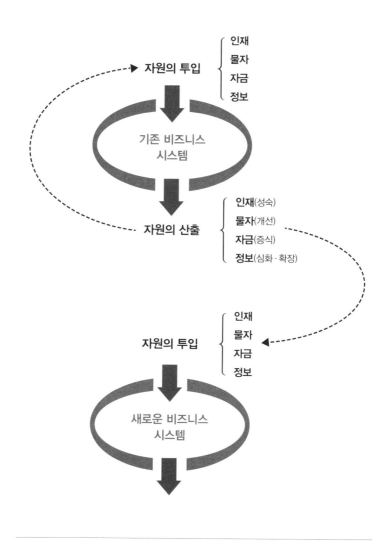

'다음'을 위해서 '현재' 해야 할 활동은 '도약'이다. 크게 도약하기 위해서는 그렇게까지 할 필요 없다고 생각되는 것까지 해야 한다.

그러고 나면 어디에 자원을 과잉 축적할지 결정해야 한다. 모르는 사람 입장에서는 '여기에 왜 그렇게 돈을 쏟아붓는 거지?' 하고 생각될 수도 있다. 따라서 사전에 방침을 침투시킬 필요가 있다. 혹은 의사 결정자가 그만큼의 힘을 지니고 있어야 한다. 미래를 위한 투자는 많든 적든 불확실성이 존재하며, 계획을 뒷받침하는 맥락(제16장 참조)에 관해 관계자 전원의 합의를 얻기가 어렵기 때문이다.

의견이 분산될 수 있는 상황에서 의사 결정을 할 수 있는 회사가 성장 가능성을 지닌다. '다음'을 위해서는 지금 필요한 것 이상의 무언가를 해야 한다. 그것이 다음으로 연결된다. 누가 불평을 하든 소용없다고 말하든 다음의 비즈니스를 의식하며 일해야 한다.

# '베조스의 냅킨'에는 수수께끼가 있다

여기서 제1장에서 소개한 '베조스의 냅킨'을 되돌아보자.

베조스의 냅킨은 베조스가 생각한 성장의 순환 구조를 표현한 것이다. 저비용 구조를 만듦으로써 상품의 저가격화를 실현해 고객의 만족스러운 경험을 늘린다. 그렇게 하면 접속량이 늘어나 사업에 협력해줄 판매자가 모여든다. 판매자가 증가하면 상품 종류도 다양해진다. 그러면 고객의 만족도가 한층 더 높아진다. 가령 아마존에 가면 어떤 책이든 손에 넣을 수 있다는 경험을 얻는다.

이 순환 구조를 따름으로써 사업이 성장하면 규모를 추구할 수 있으므로 저비용 구조가 강화된다. 이에 따라 저가격이 실현된다. 베조스는 이러한 구조를 순환시킴으로써 회사가 성장할 수 있다고 생각한 것이다.

하지만 이 그림에는 조금 의아한 점도 있다. 순환 구조가 어디에서 출발하는지 알 수 없다는 점이다. 먼저 저비용 구조를 실현하는 것인가? 아니, 처음부터 그것은 불가능하다. 그렇다면 갑자기 저가격으로 판매하는 것인가? 무리해서 가격을 낮추면 적자가 나서 회사가 무너질지도 모른다.

실제로 아마존은 저가격에서 출발했다. 따라서 창업 이후 7년이나 적자를 기록했다. 그런데도 회사가 존립할 수 있었던 것은 자금을 공급해주는 투자자가 있었기 때문이다. 책이 아닌 여러 가지 상품을 취급하고 나서도 아마존의 사업 모델은 바뀌지 않았다. 그들은 이 순환 구조를 돌릴수록 기업이 강해진다는 사실을 의식하고 있는 것이다.

하지만 그 사실과 순환 구조에 어떻게 진입하느냐는 별개의 문제다.

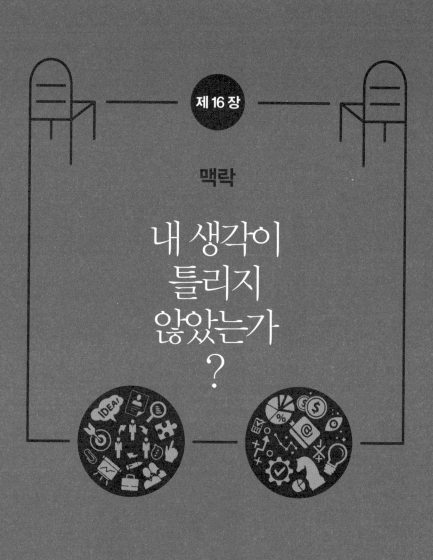

제 16 장

맥락

# 내 생각이
# 틀리지
# 않았는가
# ?

■ 명제 94 ■

# '전제'는 타당한가?

비즈니스를 창조하는 것은 결국 주관적인 일이다. 객관적으로 모두
가 납득하는 비즈니스는 오히려 창조성이 결여된 것이라 할 수 있
다. 하지만 한편으로 사업을 주관적인 발상으로 설계할 때 걱정되는
점이 있다. 그것은 현실과의 유리遊離다.

특히 사업 경험이 적은 사람은 현실에서 동떨어진 사업을 설계하
기 쉽다. 또 실무 경험이 있는 사람이라도 지역적 환경에 어두운 경
우, 즉 다른 업계나 다른 나라에서 비즈니스를 시작할 경우 현실에서
유리되기 쉽다. 그렇게 되면 비즈니스 모델은 현실성을 잃고 만다.

현실성 결여를 피하기 위해서는 자신의 머릿속에 있는 비즈니스
모델이 현실과 대응하는지 확인해야 한다. 새로운 비즈니스 모델은
가설로 가득하다. 실현될 것이다, 가능하다라고 생각하는 것은 모두
가설이다.

여기서 가설이란 실현을 위한 '전제'를 말한다. 자신이 하려고 하
는 사업이 잘되기 위한 전제, 혹은 그 사업을 하는 것이 바람직하다
고 생각하는 전제가 있을 것이다. 그것을 맥락context이라고 한다.

여기서는 맥락이라는 개념을 다음과 같이 정의한다.

인간의 인지, 결정, 행동 당사자에게 적절성을 뒷받침하는 전제.

맥락은 하나의 명제로 표현할 수 있다. 예를 들면 '비 오는 날은 우산을 준비해야 한다' 또는 '아침 방송의 일기예보는 신뢰할 수 있다'라는 것을 전제로 일기예보를 보는 사람이 많을 것이다. 그것이 맥락이다. 그러한 맥락의 확실성이 의사 결정의 정밀도와 자신감으로 이어진다.

비즈니스의 의사 결정에서 맥락은 그 비즈니스의 안정성과 장래성을 결정한다. 자사의 비즈니스 모델이 경쟁사보다 매력적인 이유는 무엇인가? 그 매력이 자사의 자원과 체계에 의해 지속적으로 이어지며, 고객이 이를 받아들이는 이유는 무엇인가? 이러한 사항의 확인이 필요하다.

# 맥락에 따라 환경의 복잡성이 낮아진다

맥락의 존재로 인해 인간은 환경의 복잡성과 행동의 선택지를 줄일 수 있다. '아침 방송의 일기예보는 신뢰할 수 있다'라는 맥락이 있으면 '아침 방송의 일기예보는 신뢰할 수 없다'라는 생각을 제거할 수 있다. 그리고 아침 일기예보에서 '오늘은 오후부터 비가 내린다'라고 하면 '그럼 우산을 가지고 가자'라는 결론이 도출된다.

그런데 일기예보가 거짓일지도 모른다고 생각하면 환경의 복잡성이 증가하기 때문에 오후 날씨에 대해 스스로 생각할 수밖에 없다. 일기예보에서 말하는 내용을 하나하나 의심하고, 어떻게 대응할지 생각해서 행동을 결정해야 한다. 바깥에 나가서 하늘을 올려다보고 비가 내릴 것 같은지 아닌지 확인하는 등 행동의 종류가 늘어난다. '일기예보에서는 맑을 거라고 했지만 그래도 우산을 가지고 갈까?' 하고 스스로 판단해야 한다. 몹시 귀찮은 일이다.

귀찮은 일을 하지 않고 넘어가기 위해 사람들은 '아침 방송의 일기예보는 신뢰할 수 있다'라고 전제하는 것이다. 일기예보를 믿으면 우산을 들고 나갈지 말지 금방 결정할 수 있으므로 행동하기가 한층 편해진다. 일기예보가 신뢰할 만한지 꼬치꼬치 따져보는 대신 환경의 복잡성을 줄이는 쪽을 택한 것이다.

'모든 것을 의심하라' '전제에 의구심을 품어라' '암묵적 동의에 의문을 제기하라' 따위의 말을 자주 듣는데, 현실에서는 그것이 불가능하다. 모든 전제를 의심하거나 모든 합의 사항에 의문을 가지는 것은 몹시 비효율적이다. 현실에서는 온갖 것을 걸고넘어지는 것보다 앞으로 나아가는 것이 우선이다. 행동의 효율화를 위해서는 맥락이 중요하다.

- **명제 96** ■

# 맥락은 '제약'이 되기도 한다

다만 맥락은 행동의 '제약'이 된다. 때로는 창조적인 행동을 저해하기도 한다. 제약을 풀어야만 하는 상황에서는 맥락을 바꾸어야 한다.

어떤 맥락을 받아들이는 것이 도움이 되는 경우도 있지만 어떤 맥락을 받아들임으로써 제약을 받는 경우도 있다. 즉, 맥락에는 '필요성'과 '제약성'이라는 양면적인 성질이 있다.

맥락의 양면성에 관해서는, 어느 한쪽 측면을 지나치게 강조하는 경향이 있다. 소위 '하우투how-to' 류의 입문서에서는 '제약'의 측면을 강조해서 전제를 무조건 의심해야 한다고 말한다. 하지만 행동의 효율성을 위해서는 맥락이 필요하다.

맥락에 의해 인지·결정·행동이 연결된 것을 '내부 모델'이라고 한다. 몇 개의 전제를 조합해 행동에 이르는 인과관계를 형성한 것이 내부 모델이다.

예를 들어 나는 항상 접이식 우산을 가방에 넣고 다닌다. '일기예보를 신경 쓰는 것이 귀찮다' '접이식 우산을 가방에 넣어두면 언제 비가 내려도 괜찮다' '우산의 무게를 신경 쓰지 않는다'라는 명제가 조합되어 외출 시 우산에 관한 내부 모델이 완성된 것이다.

그렇게 하면 일기예보가 신뢰할 만한지 생각할 필요도 없고, 일기예보를 볼 필요조차 없다. 맑든 비가 오든 구름이 끼든 항상 우산을 가지고 다닌다는 행동이 정해져 있기 때문에 행동의 다양성은 단 하나다. 이것은 맥락에 의해 환경의 복잡성이 감축된 것이다.

경영자에게는 내부 모델이 있어서 그것이 의사 결정에 반영된다.

■ **명제 97** ■

# 맥락을 의식해 자기부터 변화를 꾀한다

맥락 분석과 같은 전제 의식과 행위에 관한 논의는 심리학 및 사회학 분야에서 심화되어왔다. 앤서니 기든스<sup>Anthony Giddens</sup>는 구조화 <sup>Structuration</sup> 이론을 전개해 의식을 3층 구조로 인식했다. 일반적으로 사람의 의식은 '의식하고 있는 것'과 '의식하지 않는 것' 혹은 '의식화되어 있는 것'과 '의식화되지 않은 것'의 두 층으로 정의하는 경우가 많은데, 기든스는 '의식하고 있는 것'을 '담론적 의식'과 '실천적 의식'으로 한 번 더 나누고, 인간의 의식은 이 둘에 '무의식'을 더한 3층 구조로 되어 있다고 생각했다.

담론적 의식이란 행위를 언어로 확실히 설명할 수 있는 것을 말한다. "나는 지금 이렇게 상정하고 있다"라고 설명할 수 있는 것은 담론적 의식에 의한 것이다.

이에 비해 '실천적 의식'이란 잘 설명할 수는 없지만 암묵리에 어떻게 해야 되는지 알고 있는 것을 뜻한다. '알고는 있지만 잘 설명할 수 없는 것'처럼 몸에 밴 지식을 말한다. 이 책에서 말하는 맥락 분석이란 이 '실천적 의식'의 의식화를 꾀하는 것이다.

## ▪ 맥락 – 인지 – 결정·행동 ▪

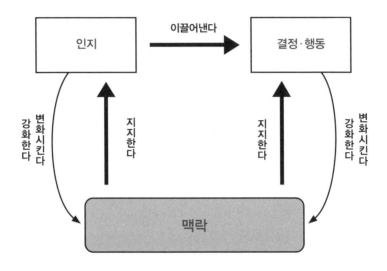

출처: 네고로 다쓰유키, 「정보화의 진전과 조직 혁신」(산노 대학 통신교육텍스트, 1997)

맥락이란 '현실은 이러하다' '이것이 중요하다'라는 상정이다. 일종의 지식이라 할 수 있다. 그 지식의 형성에는 경험이 큰 역할을 한다. 그리고 '역시 내 경험에 따르면 싸움은 안 하는 편이 좋다'라는 맥락이 생긴다.

그리고 인지·결정·행동이 잘 이루어지면 그 맥락이 강화된다. 따라서 맥락은 자기 강화의 성질이 있다. 반대로 잘 되지 않으면 맥락을 바꿔야 하지만 그런 일은 좀처럼 드물며, 조금만 잘되어도 맥락을 바꾸려 하지 않는다.

이상과 현실에 거리가 있어 실패하면 사람은 변한다. 그러나 약간의 거리면 그냥 무시한다. 또는 일시적인 현상으로 여기고 넘어간다. '이번에는 우연히 이렇게 되었다'라고 정리하고 근본적인 맥락을 바꾸지 않은 채 넘어가는 일이 벌어진다.

중요한 것은 맥락을 의식화하는 것이다. 환경의 변화 등에 의해 맥락을 바꿀 수밖에 없는 상황에 이르러서 바꾸는 것보다 미리 스스로 바꾸면 잘될 가능성이 높기 때문이다. 타이밍을 잘 살펴 가능한 한 스스로 바꾸는 편이 좋다.

어설프게 바꾸면 오히려 결과가 나빠질 수도 있다. 하지만 변화를 추구하지 않는 비즈니스는 살아남을 수 없다는 것이 많은 사례에서 증명되었다. 변화하기 위해서도 맥락을 의식하는 것이 중요하다.

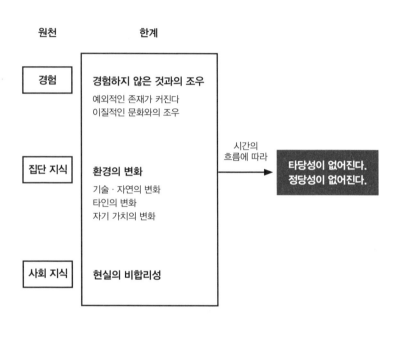

# 타당성과 정당성을 체크한다

비즈니스 모델을 구상할 때의 맥락에는 두 종류가 있다. 하나는 '타당성'으로, 비즈니스 모델의 현실성을 묻는 개념이다. 이것은 전략 모델의 가치, 격리, 가치와 격리의 연결, 수익성이라는 네 가지 면을 통해 체크할 수 있다. 또 하나는 '정당성'으로 고객, 주주, 종업원, 거래처 등 비즈니스에 관계하는 이해당사자의 관점에서 '이 비즈니스가 올바른가' 묻는 개념이다.

비즈니스는 혼자서 하는 것이 아니다. 다양한 사람을 끌어모으지 않으면 성립하지 않는다. 그래서 정당성이 중요하다. 여기서 말하는 정당성이란 비즈니스를 실행하는 사람에게 있어서 '하고 싶다고 생각되는가'의 문제다. 종업원이나 거래 상대방 중에는 '돈만 벌 수 있으면 된다'라고 생각하는 사람만 있는 것이 아니다. 따라서 '이 사업은 대단하다' '나도 같이 열심히 해야겠다'라는 생각이 들 만한 정당성이 필요하다.

정당성이 있으면 의욕이 생긴다. 일을 할수록 힘이 난다. 반대로 정당성이 전혀 느껴지지 않는 일을 하려고 하면 좀처럼 에너지가 나

# ▪ 이해관계자와의 관계 ▪

이해관계자 간의 이해는 대립하기도 한다. 반드시 이해가 일치한다고 단정할 수 없다. 예를 들어 어떤 고객은 지지하고 어떤 고객은 지지하지 않는 경우가 있다.

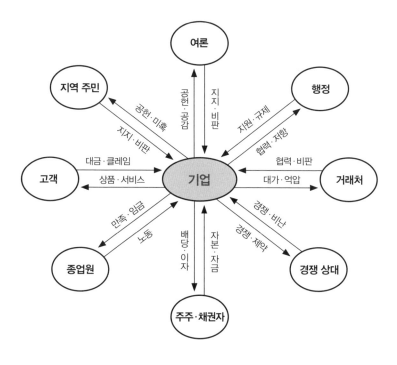

오지 않는다. 비즈니스는 결국 사람이 행하는 것이므로 정당성을 잊어서는 안 된다.

타당성과 정당성은 다르다. 『고지엔広辞苑』 사전에 따르면, '타당'이란 '잘 들어맞는 것' '적절한 것'이라는 의미이고, '적절'이란 '딱 맞아떨어지는 것'이라는 뜻이다.

정당은 '올바르게 도리를 실현하는 것'이란 뜻이며, 도리란 '어떤 일을 해나갈 방도, 사람이 행해야 할 올바른 길'을 뜻한다. 정당은 타당과 달리 윤리관과 관계된 말이다.

'정당'은 가치관을 반영하지만 '타당'은 가치관을 반영하지 않는다. 그 두 가지 측면에서 맥락을 체크할 필요가 있다.

# ▪ 타당성과 정당성 ▪

 비즈니스 모델의 전제에 '현실성'이 있는 것, 실현 **가능성**(환경에 관한 타당성), **실행 가능성**(조직에 관한 타당성)

 비즈니스 모델의 전제에 '정당성'이 있는 것, 이해관계자의 가치관에서 볼 때 받아들일 수 있는 것, 더 나아가 이해관계자가 볼 때 바람직한 것, **수용성**(조직 외부 정당성), **이념성**(조직 내부 정당성)

『고지엔』(제4판)에 따르면,

'타당'이란 …… 잘 들어맞는 것, 적절한 것이다.
'적절'이란 …… 딱 맞아떨어지는 것이다.

'정당'이란 …… 올바르게 도리를 실현하는 것이다.
'도리'란 …… 어떤 일을 해나갈 방도, 사람이 행해야 할 올바른 길이다.

■ 명제 99 ■

# 지금 성립하는가, 앞으로 성립할 것인가?

맥락의 체크에서는 시간 축을 의식하는 것 또한 중요하다. 현재는 현실성이 없다고 해도 장래에는 충분히 성립할 가능성이 있다. 현재 성립하는 것만 생각하면 새로운 비즈니스는 탄생하지 않는다. 즉, 장래를 위해서는 오히려 현실에서 유리될 필요가 있다.

다시 말해 큰 성공을 목표로 한다면 과감하게 도약해야 한다. 할 수 있는 일만 하면 시장에 미치는 영향력이 미미해진다. 환경은 반드시 변한다. 현시점에서 성립하는 것만 하면 장래의 성공을 보장할 수 없다.

새로운 사업 구조를 만들 때는 미래를 향해 가설적 전제를 세운다. 가설적 전제는 지금 당장 성립하지 않아도 상관없다. 장래에 성립하면 된다. 어떻게 하면 장래에 성립할 가능성이 있는지, 그 전제를 설정하는 것이다.

그 전제가 대담하면 좀처럼 성립하지 않을지도 모르지만 따라 하는 경쟁자는 적을 것이다. 그런 리스크를 감수할 것인지 확실히 판단해야 한다.

반대로 충분히 성립하던 전제가 성립하지 않는 일도 일어난다. 고객이나 기술, 경쟁자가 변화하기 때문이다. 따라서 자사의 비즈니스 모델 분석에서 맥락을 확인할 때는 지금 성립하는 것이 장래에 성립하지 않을 가능성을 확인해야 한다.

■ 명제 100 ■

# 맥락 분석이 사고실험의 근본이다

많은 실무자가 자사의 장래를 분석하거나 신사업을 탐색할 때 사고실험을 활용하고 있다. 그러나 여기서 더 나아가 이론을 철저히 분석해 프레임워크를 상황에 맞게 재구성하는 힘도 갖춰 뛰어난 사업가가 되었으면 한다.

사고실험을 잘하기 위해 근본적으로 필요한 것은 무엇일까? 그것은 맥락을 명확히 한 다음 상대화해보는 것이다. 현재 자사의 비즈니스가 전제로 하는 상정은 무엇인가? 신사업이 상정하고 있는 가설적 전제는 무엇인가? 기존 프레임워크가 암묵적으로 상정하는 이론적 입장은 무엇인가? 기존 이론의 기본 명제는 무엇인가? 이러한 것을 의식하고 나아가 명시화하는 것이 바로 맥락 분석이다.

맥락 분석은 창조적인 발상을 위해 필수불가결한 것이다. 그리고 사고실험은 어떤 맥락에 의식적으로 입각해 현실을 철저히 궁구하는 것이다. 이때 모든 이론이나 프레임워크는 어떤 기본 명제에 의해 뒷받침되기 때문에 늘 부족하거나 지나친 부분이 있다는 것을 잊지 말아야 한다.

# ■ 더 깊이 공부할 사람이 읽으면 좋을 책 ■

▶ 이 책에서 이야기하는 인과관계론은 철학의 세계에서 오랜 세월에 걸쳐 의논되어
  온 것이다. 특히 과학철학은 자연과학을 대상으로, 인과관계란 무엇인가를 깊이 고
  찰해왔다. 아래 책에서 철학 및 과학철학의 개론을 공부할 수 있다.

도다야마 가즈히사, 『과학철학의 모험 – 사이언스의 목적과 방법을 탐색한다』
  (NHK북스, 2005).
모리타 구니히사, 『과학철학 강의』(지쿠마쇼보, 2012).
윌 버킹엄, 『철학대도감』(산세이도, 2012).
  (한국어판, 『철학의 책』, 지식갤러리, 2011).

▶ 이 책에서 이야기하는 '사회과학을 대상으로 한 과학철학'은 비록 충분히 확립되
  어 있지 않지만, 그 실마리로서 경영학의 방법론에 관해 공부하고자 한다면 아래
  책이 참고가 될 것이다.

누마가미 쓰요시, 『행위의 경영학 – 경영학에서의 의도치 않은 결과의 탐구』(하쿠토
  쇼보, 2000).
후지모토 다카히로·신타쿠 준지로·가스야 마코토·다카하시 노부오·아베 마코토,
  『리서치 마인드 경영학 연구법』(유히카쿠, 2005).
다무라 마사노리, 『리서치 디자인 – 경영 지식 창조의 기본 기술』(하쿠토쇼보, 2006).
이노우에 다쓰히코, 『블랙스완의 경영학 – 통설을 뒤집은 세계 최우수 케이스 스터

디』(닛케이BP사, 2014).

(한국어판, 『왜 케이스 스터디인가』, 어크로스, 2015).

▶ 이 책이 소개하는 경영학의 모든 이론은 경영 전략론과 비즈니스 모델론을 중심으로 하고 있다. 아래 책은 그 분야에 관해 공부하는 데 도움이 될 것이다.

### 경영 전략론의 명저

마이클 포터, 개정판『경쟁 우위 전략』(다이아몬드사, 1995).

(한국어판, 『마이클 포터의 경쟁전략』, 21세기북스, 2008).

데이비드 베상코·데이비드 드라노브·마크 샬리, 『전략의 경제학』(다이아몬드사, 2002).

(한국어판, 『전략경제학』, 시그마프레스, 2005).

제이 B. 바니, 『기업 전략론(상·중·하)』(다이아몬드사, 2003).

아사바 시게루, 『경영 전략의 경제학』(일본평론사, 2004).

아오시마 야이치·가토 도시히코, 『경쟁 전략론』(도요게이자이신보사, 2012).

(한국어판, 『전략이란 무엇인가』, 비즈니스맵, 2008).

클레이튼 크리스텐슨, 『C. 크리스텐슨 경영론』(다이아몬드사, 2013).

### 비즈니스 모델론의 선구자

일본은 비즈니스 모델론 분야에서 세계 최고라고 생각한다. 구스노기 겐(2010)과 네고로 다쓰유키(2014)는 경쟁 전략론과 비즈니스 모델론 사이에 다리를 놓고자 했다.

고쿠료 지로, 『오픈 네트워크 경영』(니혼게이자이신문사, 1995).

가고노 다다오·이노우에 다쓰히코, 『사업 시스템 전략』(유히카쿠, 2004).

우치다 가즈나리, 『이업종 경쟁 전략-비즈니스 모델의 파괴와 창조』(니혼게이자이
  신문출판사, 2009).

구스노기 겐, 『스토리로서의 경쟁 전략-뛰어난 전략의 조건』(도요게이자이신보사,
  2010).

야마다 히데오, 『경쟁하지 않는 경쟁 전략-소모전에서 탈출하는 세 가지 선택』(니
  혼게이자이신문출판사, 2015).

네고로 다쓰유키, 『사업 창조의 로직』(닛케이BP사, 2014).

## ■ 참고문헌 ■

와타나베 사토시, 『인식과 패턴』(이와나미쇼텐, 1978).

아드리안 F. 펀햄, 『초보자 이론 – 일상성의 사회 심리학』(기타오지쇼보, 1992).

미우라 도시히코, 『가능 세계의 철학 – '존재'와 '자기'를 생각한다』(NHK북스, 1997)

   (한국어판, 『가능 세계의 철학』, 그린비, 2011).

마치다 겐, 『소쉬르의 모든 것 – 언어학에서 가장 중요한 것』(겐큐샤, 2004).

게리 킹·로버트 코헤인·시드니 버바, 『사회과학의 리서치 디자인 – 정성적 연구에서
   의 과학적 추론』(게이소쇼보, 2004).

쓰치야 겐지, 『쓰치야 교수의 철학 강의』(이와나미쇼텐, 2005).

   (한국어판, 『괴짜교수의 철학강의』, 문학수첩리틀북, 2007).

가나이 도시히로, 『일하는 모든 이의 모티베이션론』(NTT출판, 2006).

하시즈메 다이사부로, 『처음 만나는 언어 게임』(고단샤, 2009).

이마이 무쓰미, 『말과 사고』(이와나미쇼텐, 2010).

이리야마 아키에, 『세계의 경영학자는 지금 무엇을 생각하는가』(에이지출판, 2012).

   (한국어판, 『세계의 경영학자는 지금 무엇을 생각하는가』, 에이지21, 2013).

구메 이쿠오, 『원인을 추론한다 – 정치 분석 방법론의 조언』(유히카쿠, 2013).

스튜어드 서덜랜드, 『불합리 – 누구도 피할 수 없는 사고의 덫 100』(한큐커뮤니케이션
   스, 2013).

누마가미 쓰요시, 『경영 전략의 사고법』(니혼게이자이신문출판사, 2014).

이차크 길보아, 『불확실성하의 의사결정이론』(게이소쇼보, 2014).

네고로 다쓰유키, '사업 전략과 인과 모델', 「와세다 대학교 IT전략연구소 워킹페이

퍼」, No.6, 2004.

네고로 다쓰유키·아지로 사토시, '의도치 않은 결과의 원인과 유형', 「와세다 국제 경
영 연구」 No.40, 2009.

네고로 다쓰유키, '구축론과 전략론을 연결하는 CIO', 『CIO를 위한 정보·경영 전략』
(네고로 다쓰유키·경영정보학회 편집, 주오게이자이샤, 2010).

마이클 포터, 『경쟁 우위 전략』(다이아몬드사, 1985).
(한국어판, 『마이클 포터의 경쟁우위』, 21세기북스, 2008).

리처드 루멜트, '이론과 전략과 기업가 정신', 『경쟁에의 도전 – 혁신과 재생의 전략』
(데이비드 티스 편집, 하쿠토쇼보, 1988).

아이바 고지, 『일본 기업 변혁의 수법』(프레지던트사, 1995).

마이클 포터, 『경쟁 전략론 I』(다이아몬드사, 1999).

칼 샤피로·핼 배리언, 『네트워크 경제의 법칙』(IDG커뮤니케이션스, 1999).
(한국어판, 『정보법칙을 알면 .COM이 보인다』, 미디어퓨전, 1999).

후지모토 다카히로, 『능력 구축 경쟁』(추코신쇼, 2003).

나가세 가츠히코, 『의사 결정 매니지먼트』(도요게이자이신보사, 2008).

제이 B. 바니, '자원 기반 관점 – 포지셔닝 중시인가 능력 중시인가', 「다이아몬드 하버
드 비즈니스 리뷰」 2001년 5월호

토마스 아이젠만·제프리 파커·마셜 반 앨스타인, '투 사이드 플랫폼 전략', 「다이아
몬드 하버드 비즈니스 리뷰」 2007년 6월호.

네고로 다쓰유키·모리오카 다카후미, '네 가지 기업 간 제휴: 메리트와 리스크의 검
토', 「일본 경영 시스템 학회지」 Vol.18 No.01, 2001.

네고로 다쓰유키·이나바 유키코, '사업 형태 및 독자적 자원과 수익률 격차의 관계',
「경영 정보 학회지」 Vol.18 No.02, 2009.

네고로 다쓰유키 감수·후지쓰소켄·와세다 대학 비즈니스 스쿨 네고로 연구실, 『플
랫폼 비즈니스 최전선』(쇼에이샤, 2013).

시마구치 미쓰아키, 『통합 마케팅 – 풍요 시대의 시장 지향 경영』(니혼게이자이신문사, 1986).

가고노 다다오, 『'경쟁 우위'의 시스템』(PHP연구소, 1999).

필립 코틀러, 『코틀러의 마케팅 매니지먼트 밀레니엄판(제10판)』(피어슨 에듀케이션, 2001).

김위찬·르네 마보안, '전략 캔버스에 의한 전략 재구축', 「다이아몬드 하버드 비즈니스 리뷰」 2002년 9월호.

클레이튼 크리스텐슨·마이클 레이너, 『이노베이션의 답 – 이익 있는 성장을 향하여』(쇼에이샤, 2003).

(한국어판, 『성장과 혁신』, 세종서적, 2005).

다나카 히로시·이와무라 미즈키, 『Q&A로 이해하는 마케팅 입문』(니혼게이자이신문사, 2005)

다부치 나오야, 『랜덤 워크 & 행동 파이낸스 이론의 모든 것』(일본실업출판사, 2005).

아베 요시히코·이케가미 주스케, 『일본의 블루오션 전략 – 10년 동안 지속되는 우위성을 구축한다』(퍼스트프레스, 2008).

(한국어판, 『블루오션 재팬리포트』, 프런티어, 2009).

이타미 히로유키, 『경영 전략의 논리 제4판 – 다이내믹 적합과 불균형 다이내미즘』(니혼게이자이신문출판사, 2012).

알렉산더 오스터왈더·예스 피그누어, 『밸류 프로포지션 디자인』(쇼에이샤, 2015).

김위찬·르네 마보안, 『신판 블루오션 전략 – 경쟁 없는 세계를 창조한다』(다이아몬드사, 2015).

(한국어판, 『블루오션 전략』, 교보문고, 2015).

앤서니 기든스, 『사회의 구성』(게이소쇼보, 2015).

가와카미 도모코, '비고객 전략에 의한 시장 드라이브형 시장 지향의 실현', 「마케팅 저널」 Vol.33 No.2, 2012.

오노 게이스케·네고로 다쓰유키, 『생산 기업의 경영』(가이세이샤, 1990).

오노 게이스케·네고로 다쓰유키, 『경영 전략과 기업 혁신』(아사쿠라쇼텐, 2001).

네고로 다쓰유키, 『정보화의 진전과 조직 혁신』(산노 대학 통신교육텍스트, 1997).

네고로 다쓰유키·기무라 마코토, 『넷 비즈니스의 경영 전략』(일본과학기술연맹, 1999).

네고로 다쓰유키·오가와 사치요, 『제약·의료 산업의 미래 전략 – 새로운 비즈니스 모델의 탐구』(도요게이자이신보사, 2001).

네고로 다쓰유키, '경쟁 전략 책정의 출발점은 무엇으로 해야 하는가? – '내외' 융합의 전략론을 향하여', 「와세다 대학」 제407호, 2006.

네고로 다쓰유키·도쿠나가 다케히사, '구조의 과잉 자기 강화와 의도치 않은 결과', 「경영정보학회지」 Vol.15 No.4, 2007.

네고로 다쓰유키·무카이 마사미치, '구조와 경쟁 우위', 『CIO를 위한 정보·경영 전략』(네고로 다쓰유키·경영정보학회 편집, 주오게이자이샤, 2010).

# 유나현 옮긴이

성균관대학교에서 경영학을 전공했다. 바른번역 글밥아카데미에서 일본어 출판 번역 과정을 수료하고, 현재 바른번역 소속 번역가 및 외서 기획자로 활동 중이다. 옮긴 책으로『10년 후에도 일해야 하는 당신에게』『강의실 밖 경제학』『말이 무기다』『아이는 알아서 할게요』 등이 있다.

**사업의 시행착오를 줄이는 100가지 경영 명제**

## 일본 최고 MBA 경영 수업

초판 1쇄 인쇄 2018년 10월 23일
초판 1쇄 발행 2018년 11월  1일

지은이      네고로 다쓰유키
옮긴이      유나현

펴낸이      유정연
주간        백지선
책임편집    장보금  기획편집 신성식 조현주 김수진 김경애
디자인      책은우주다 안수진 김소진
마케팅      임충진 임우열 이다영 김보미  제작 임정호  경영지원 전선영

펴낸곳      흐름출판㈜ 출판등록 제313-2003-199호(2003년 5월 28일)
주소        서울시 마포구 홍익로5길 59 남성빌딩 2층
전화        (02)325-4944 팩스 (02)325-4945 이메일 book@hbooks.co.kr
홈페이지    http://www.hbooks.co.kr 블로그 blog.naver.com/nextwave7
출력·인쇄·제본 ㈜현문 용지 월드페이퍼㈜ 후가공 ㈜이지앤비(특허 제10-1081185호)

ISBN 978-89-6596-270-0  03320

이 도서의 국립중앙도서관 출판시도서목록(CIP)은 e-CIP홈페이지(http://www.nl.go.kr/ecip)와 국가자료공동목록시스템(http://www.nl.go.kr/kolisnet)에서 이용하실 수 있습니다.
(CIP제어번호: CIP2018020359)